CINQUENTA TONS *de* JAMIE DORNAN

Universo dos Livros Editora Ltda.

Rua do Bosque, 1589 • 6º andar • Bloco 2 • Conj. 603/606

Barra Funda • CEP 01136-001 • São Paulo • SP

Telefone/Fax: (11) 3392-3336

www.universodoslivros.com.br

e-mail: editor@universodoslivros.com.br

Siga-nos no Twitter: @univdoslivros

Louise Ford

CINQUENTA TONS *de* JAMIE DORNAN

São Paulo
2015

UNIVERSO DOS LIVROS

Fifty Shades of Jamie Dornan: A biography
Copyright © 2015 by Louise Ford

Diretor editorial
Luis Matos

Editora-chefe
Marcia Batista

Assistentes editoriais
Aline Graça
Rodolfo Santana

Tradução
Maurício Tamboni

Preparação
Luis Protássio

Revisão
Guilherme Summa

Arte e capa
Francine C. Silva
Valdinei Gomes

Foto de capa
Hamish Brown
Contour/GettyImages

Dados Internacionais de Catalogação na Publicação (CIP)
Angélica Ilacqua CRB-8/7057

F794c

Ford, Louise

Cinquenta tons de Jamie Dornan / Louise Ford; tradução de Maurício Tamboni. – São Paulo: Universo dos Livros, 2015.

232 p.: color

ISBN: 978-85-7930-823-9

Título original: *Fifty shades of Jamie Dornan: A biography*

1. Atores – Irlânda - Biografia 2. Cinema – Atores 3. Dornan, Jamie, 1982- I. Título II. Tamboni, Maurício

14-0941 CDD 791.43092

Sumário

Prefácio

Alto, taciturno e diabolicamente lindo, com cabelos castanho-avermelhados, Christian Grey bate lenta e metodicamente os dedos na mesa. A bela morena sentada a seu lado se mexe com desconforto na cadeira, mordiscando sedutoramente o lábio antes de lançar para ele o mais leve dos sorrisos. Alisando o terno feito sob medida, o homem que se tornou objeto das fantasias das mulheres de todo o mundo corre nervosamente o olhar pela sala.

De repente, a sala explode em aplausos entusiasmados.

"O prêmio de Ator do Ano vai para Jamie Dornan", anuncia a voz no microfone.

Com um sorriso enorme, o ator dá um beijo apaixonado nos lábios da esposa, Amelia, antes de subir no palco para receber a estatueta dourada.

Com apenas 31 anos, idade em que muitos rapazes se tornam homens, Jamie havia conquistado o impensável: era, enfim, um ator reconhecido, e esse prêmio, seu primeiro, era a prova de que os difíceis anos de esforço e dedicação tinham valido a pena. É inegável que Jamie Dornan – agora conhecido pelo papel do excêntrico bilionário no esperadíssimo filme *Cinquenta Tons de Cinza* – havia sonhado com esse momento infinitas vezes antes.

Tudo tinha começado vinte anos antes num colégio em Belfast, onde o aluno pequeno e cronicamente tímido subiu no palco para receber o primeiro prêmio por uma atuação. Ele havia realizado uma performance hilária da Viúva Twanky na peça do Natal e, com o aplauso dos pais, dos professores e dos colegas de sala ecoando em seus ouvidos, o pequeno Jamie Dornan sabia que queria uma carreira em Hollywood. Entretanto, o que aquele garoto da Irlanda do Norte não esperava era que o caminho para a fama e para a fortuna estava longe de ser fácil.

Para qualquer um olhando de fora, seu currículo parece impressionante. Chamado de "Torso de Ouro", com pouco mais de vinte anos Jamie era um modelo extremamente bem-sucedido cuja fama viera do fato de um caso com a atriz Keira Knightley e do cachê de dez mil libras por dia que ele ganhava para posar para alguns dos maiores designers globais da moda.

Uma carreira na música veio em seguida, mas a atuação parecia ser seu ponto forte e logo ele ganhou grandes papéis, incluindo um serial killer na série *The Fall*, da BBC, um fora da lei no drama histórico americano *New Worlds* e o formidável Christian Grey, da trilogia *Cinquenta Tons de Cinza*. Esse último selaria seu espaço em Hollywood.

Mas as aparências enganam e, por trás das câmeras, a vida de Jamie passava por muitas reviravoltas, oscilando entre altos emocionantes e baixos devastadores, exatamente como as histórias que o tornariam famoso.

Filho de um médico, Jamie, ao lado das duas irmãs, teve o que seria considerada uma infância privilegiada: cresceu na grande casa da família em uma região nos arredores de Belfast e frequentou uma excelente escola enquanto sonhava em subir no palco como sua lendária tia-avó, a atriz de Hollywood Greer Garson. Todavia, por trás das medalhas esportivas e triunfos no teatro amador, uma série de tragédias pessoais ocorridas na adolescência começou a afastá-lo de seu caminho. Quando a mãe faleceu vítima do câncer e quatro amigos acabaram morrendo em um acidente de carro um ano depois, ele se viu forçado a buscar ajuda. Anos mais tarde, já como supermodelo e trilhando o caminho para Hollywood, Jamie sofreu outro golpe, quando o pai, um homem muito envolvido com a família, foi diagnosticado com leucemia.

Jamie estava bastante consciente de que a vida era preciosa e, seguindo o conselho do pai, decidiu aproveitar tudo que podia. Aliás, apenas um ano após seu 30º aniversário, havia muito a celebrar:

ele não apenas estava muito feliz por receber um papel na adaptação para os cinemas do best-seller de E. L. James, mas também havia se tornado pai.

Suas duas maiores ambições aconteceram com poucas semanas de distância. Enquanto a esposa se preparava para dar à luz, ele se preparava para começar as filmagens de *Cinquenta Tons de Cinza*.

Embora precisasse de muita coragem e determinação para fazer ambos os papéis com serenidade, os tempos difíceis lhe haviam ensinado que, com o amor e o apoio da família, ele era capaz de conquistar o que quisesse. E, enquanto estava com a estatueta dourada na mão e diante da plateia composta por uma constelação no 2014 Irish Film and Television Awards, o belo ator tinha muito a agradecer. E assim o fez: "Quero agradecer minha linda família por ser realmente bela. E minha esposa, Milly, por ser a melhor coisa que me aconteceu. Quero agradecer minha filha, que tem apenas quatro meses e agora está dormindo ali em cima; ela também é linda. E quero agradecer a todos aqueles que me conheceram e que foram gentis comigo. Obrigado a todos".

Enquanto falava com o público, para legiões de fãs que assistiam àquele momento especial de sua vida, Jamie se parecia muito com o suntuoso Christian Grey. Seu estilo, todavia, não poderia ser mais diferente do que aquele do personagem da ficção: nenhum helicóptero o esperava para levá-lo embora da cerimônia e não havia champanhe ou uma equipe de assistentes loiras para cuidar de cada um de seus caprichos. Modesto até os ossos, Jamie é um homem gentil, de família, e prefere beber Guinness.

Mantém tanto os pés no chão que organiza a casa antes de a faxineira chegar e guarda selos na carteira porque gosta de escrever cartas, especialmente para o pai.

Sendo ele mesmo um pai dedicado, prefere passar a noite embalando a filha para que ela durma em seus braços a amanhecer na balada no meio dos ricos e famosos. E mais: ele descreve champanhe como "areia com gosto de cocô".

Porém, embora a vida de Jamie Dornan pareça tão diferente do conto fantástico de Christian Grey, ela certamente não é em preto e branco. Pelo contrário: seu passado não apenas traz diversos tons, mas também inúmeras cores.

Capítulo 1
As dores da infância

À primeira vista, seria normal pensar que James – "Jamie" – Dornan, nascido em Belfast em 1º de maio de 1982, tenha tido uma infância idílica. Ele de fato cresceu em Holywood, embora essa Holywood tenha sido outra, na área refinada de County Down, Irlanda do Norte; não o conhecidíssimo bairro de Los Angeles, Califórnia.

Jamie teve uma infância privilegiada e, embora a Irlanda do Norte estivesse no centro da campanha terrorista do IRA que tumultuou toda a década de 1980, ele sabia pouco do assunto.

Cresceu na grande casa da família em uma região abastada, sendo o mais novo dos três filhos de uma família bem respeitada. Seu pai, Jim Dornan (médico obstetra de renome mundial) e sua mãe, Lorna (uma enfermeira "bonita e muito glamorosa"), haviam criado uma casa perfeita e confortável para os filhos Liesa, Jessica e Jamie – uma propriedade rodeada por jardins impressionantes e protegida por portões enormes e imponentes. A família também era abençoada por ter bons amigos e uma vida social invejável, além de as crianças estudarem em um excelente colégio.

Os pais de Jamie orgulhavam-se dos filhos, especialmente porque os cinco anos de infertilidade no início do casamento foram um período de preocupação com a possibilidade de jamais conseguirem criar a própria família. Durantes os anos de fracassadas tentativas de conceber o primeiro filho, o trabalho de Jim, que consistia em fazer partos quase que diariamente, tornava-se mais e mais comovente.

Lorna, temendo a possibilidade de o casal nunca ter um filho, decidiu, junto com o marido, buscar ajuda médica. "Eu me lembro de passar pelos exames, que eram muito elementares naquela época, e esperar que o problema fosse meu. Eu conseguiria lidar com ele, eu conseguiria entender", disse o pai de Jamie sobre os anos tentando, e não conseguindo, começar uma família.

Por sorte, enquanto o casal fazia exames em busca de qualquer complicação, Lorna inesperadamente engravidou de Liesa, a irmã mais velha de Jamie. Foi um momento que mudou a vida dos dois – mesmo para Jim, cuja experiência profissional era inteiramente ligada a bebês e novas mães. "Senti uma náusea física testemunhando a dor do parto sofrida por minha esposa", ele declarou, acrescentando que seu desespero não diminuiu ao ser "retirado da sala", como mandava a sabedoria da época. "Muito embora eu fosse obstetra, recebi ordens para sair da sala durante o parto de minha primeira filha; naqueles dias, não tínhamos epidurais, então era parto assistido e, às vezes, o homem não era autorizado a ficar", explicou Jim.

A segunda filha, Jessica, veio dois anos depois. E quatro outros mais tarde eles deram as boas-vindas a um filho, que foi batizado de James seguindo uma tradição de três gerações. Foi amor à primeira vista para todos os envolvidos, e Jamie, como ficou conhecido, claramente era o menino dos olhos do pai. "Jamie é uma das pessoas mais legais que conheço. [...] Essencialmente, é um rapaz muito bondoso e com os pés no chão. Também tem um ótimo senso de humor e uma sensibilidade natural. Todos sentimos muito orgulho dele", declarou Jim sobre o filho famoso.

Juntos, eles formavam uma unidade segura e sólida, pois a família era tudo tanto para Jim quanto para Lorna, apesar de ambos terem formações extremamente diferentes. "Todo filho é um produto de seus pais", apontou Jim em uma entrevista sobre sua incrível carreira médica, que se estendia por mais de quarenta anos. "Então, somos muito afetados pelo que acontece em nossa juventude."

Para Jamie, a declaração não poderia ser um retrato mais acurado de quem ele era: enquanto estudante, mostrava-se muito versátil e ficava claro que a família tinha uma influência impressionante ao dar forma a todas as partes de seu ser. Não era apenas fanático por esportes, mas também um músico talentoso e um ator promissor; ademais, era gentil, atencioso e empático. Se alguém estava chateado ou passando por uma dificuldade, no mesmo instante o jovem garoto mostrava gentileza. Isso não é surpresa – afinal, com tantos familiares imediatos cujas profissões envolviam o cuidado com o outro, uma natureza compassiva certamente brotara dentro dele desde o início.

A mãe, Lorna, em especial, ajudou a passar para os filhos esse importante valor, muito embora sua infância tivesse sido bem menos idílica. Como acontecia com muitas mulheres das décadas de 1940 e 1950 que acabavam engravidando sem se casar, a mãe biológica de Lorna se vira obrigada a entregar a filha para a adoção. Felizmente para Lorna, entretanto, diferente de muitas crianças de sua geração, a mulher que a adotou era uma mãe dedicada e amorosa e a criara como se fosse sua filha biológica: "Nos anos 1960 e na minha adolescência, saí com seis outras garotas adotadas. Não que eu fosse um mulherengo, mas era muito comum. Havia muitas pessoas adotadas nas nossas turmas do colégio", explicou o pai de Jamie. "Todos nós sabemos o motivo por trás disso, porque uma criança nascida fora do casamento era vista como algo terrível e a sociedade colocava muita pressão para que as jovens adotassem. Uma das minhas irmãs foi adotada e, sim, minha esposa também foi adotada", comentou.

Embora Lorna tivesse passado grande parte da vida sem saber quem era sua mãe biológica, quando ela finalmente a encontrou descobriu que tinha uma irmã – ou seja, uma tia de Jamie. "Lorna era incrivelmente próxima da mãe, da mulher que a criou. Nem sempre é boa ideia tentar encontrar a mãe biológica, mas, no caso dela, a coisa funcionou bem", acrescentou Jim.

O professor Dornan, por outro lado, era o filho do meio e tinha duas irmãs. Cresceu no Cripples Institute, em Bangor, onde o pai era administrador. Mesmo que os pais admirassem os filhos, sua criação fora rigorosa e religiosa, "embora não sectária, me orgulho em dizer", conforme Jim relembrou posteriormente.

Na escola, o futuro médico não era um aluno de destaque, mas "empurrava" a educação enquanto levava uma vida cheia de energia fora da sala. "Eu falava demais e acho que de fato sofria de transtorno do déficit de atenção, porque sempre me animava para fazer uma coisa ou outra", recorda.

Como muitos de seus amigos viviam dentro da instituição, investir em uma profissão ligada ao cuidado do outro mostrou-se uma possibilidade desde cedo. "Eu passava meu tempo brincando com crianças que sofriam de espinha bífida ou outros problemas e, posteriormente, já como médico, achei fascinante fazer o diagnóstico de todas as crianças que eu tinha conhecido [na infância]. O Instituto era um lugar incrível. As crianças não haviam sido rejeitadas por suas famílias, mas percebia-se que suas necessidades seriam mais bem atendidas em uma estrutura institucionalizada. Lembro-me de um garoto que não estava feliz, que dizia que preferiria não ter nascido."

Os pais de Jim não tinham dúvidas de que ele seria um médico fantástico, mas o adolescente nutria outros planos: ele queria ser ator. A ambição ardente de pisar no palco sem dúvida se devia ao fato de existir uma famosa atriz de Hollywood na família – e ela não era um parente tão distante! Greer Garson, a beldade vencedora do Oscar, era prima da mãe de Jim, uma mulher extraordinária. Quando a carreira de ator de Jamie começou a deslanchar, no final da década de 1990, Greer foi incorretamente chamada pela imprensa de "famosa tia-avó".

Greer Garson era um acréscimo impressionante à família Dornan. A estrela ruiva de beleza impressionante era uma das atrizes mais populares de Hollywood na época da Segunda Guerra Mundial, tendo estrelado uma série de filmes famosos, incluindo *Adeus, Mr. Chips* (1939), a versão original de *Orgulho e Preconceito* e *Travessuras de Julia* (1948). Indicada cinco vezes ao Oscar, a estrela das telas conquistou o prêmio da Academia de Melhor Atriz em 1943 por *Rosa da Esperança* e um Globo de Ouro em 1961 pelo papel de Eleanor Roosevelt em *Dez Passos Imortais.*

Nascida em Essex, Greer – como Jamie muitos anos mais tarde – inicialmente não pretendia ser atriz, mas escolheu frequentar a King's

College, em Londres, para estudar Francês e Literatura do Século XVIII. Embora pretendesse se tornar professora, começou trabalhando em uma agência de publicidade e aparecendo em produções locais de teatro. Por sorte, foi notada por um produtor de cinema americano, Louis B. Mayer, e contratada pelo famoso estúdio MGM em 1937 – o que a catapultou rumo a uma incrível carreira de quarenta anos e uma nova e glamorosa vida nos Estados Unidos.

Greer Garson inegavelmente era uma fonte de fascinação para Jim, e seu desejo de seguir os passos da atriz o fez matricular-se na principal escola de atuação de Londres, a Royal Academy of Dramatic Art (RADA). Muito embora, para seu enorme deleite, ele tivesse conquistado um lugar muito desejado na instituição, seus pais categoricamente se recusaram a deixá-lo perseguir o sonho hollywoodiano. "Meu pai achava bom ter um filho que fizesse medicina. Não por motivos sociais, mas, para ele, o sucesso na vida era a educação", contou. "Médicos eram pessoas respeitadas, que jamais ficavam sem emprego. Ele era socialista e não faria mal subir na escada social."

Jim entendeu a decisão, mas a oportunidade perdida o perseguiu por muitos anos e, talvez, tenha sido de certo modo transmitida ao filho. Aliás, era evidente o orgulho que sentiria cerca de quarenta anos depois, enquanto ele se aposentava do sistema de saúde e o filho finalmente alcançava o sonho de se tornar ator. Ciente do que tinha acontecido, Jamie comentou: "Os pais dele eram muito rigorosos e disseram: 'Não, você vai estudar medicina'. Ele está vivendo a carreira vicariamente agora, por mim. É um ótimo médico, mas também teria sido um bom ator".

Por insistência dos pais, então, a vida de Jim tomou um rumo diferente. Ele foi para a Queens University, em Belfast, para estudar medicina e lá encontrou seu dom para a obstetrícia, campo que envolve estudos ligados a gravidez, parto e cuidado de mães e filhos no pós-parto.

O jovem médico era fascinado e dominado pelo milagre do nascimento e, mesmo depois de quatro décadas, após realizar cerca de seis mil partos, a sensação de admiração nunca deixou de existir. No fim das contas, aquela pareceu claramente ter sido a decisão correta. "Fui reprovado em alguns exames, passei em outros, mas, quando encontrei a obstetrícia, percebi ter encontrado algo com o qual eu realmente me identificava. E nunca mais olhei para trás", comentou.

Quando Jamie nasceu, seu adorado pai era um professor com décadas de experiência carinhosamente conhecido como o "médico dos bebês" da Irlanda do Norte. Sua carreira como um dos principais obstetras e ginecologistas do mundo estava a todo vapor e sua impressionante reputação médica significava futuras posições bastante altas no sistema público de saúde, incluindo Diretor de Medicina Fetal no Belfast Royal Maternity Hospital e vice-presidente sênior do Royal College of Obstetricians and Gynaecologists em Londres.

As demandas de uma carreira em tempo integral combinadas com a responsabilidade de cuidar de uma família jovem significavam que Jim precisava fazer muito malabarismo. Entusiasta da ideia de passar o máximo de tempo possível com os filhos, o pai dedicado frequentemente os levava, nos turnos das manhãs de sábado, ao hospital. Gentil e muito educado, Jamie ficava fascinado ao observar o pai, cujo entusiasmo por salvar vidas o havia tornado bastante conhecido no circuito hospitalar, embalar os recém-nascidos com poucos dias – ou horas – de idade.

Maternidades certamente eram lugares incomuns para um jovem garoto passar seu tempo livre, mas Jamie adorava o pai e, para os Dornan, a família era tudo. A ligação entre pai e filho era particularmente forte e, nos anos seguintes, Jamie mostraria-se impressionado com a capacidade do médico de enfrentar um trabalho exigente e desgastante e, ao mesmo tempo, ser um pai dedicado. "Ele é um homem impressionante. Todos os aspectos de sua personalidade me deixam impressionado", confessou Jamie.

Os turnos no hospital beneficiavam Jim, uma vez que lhe permitiam passar um tempo com os filhos, mas também permitiam que Jamie testemunhasse o milagre da vida desde muito novo, o que possibilitou que seu lado paternal e carinhoso fosse formado desde muito cedo. Uma experiência tão profunda fez brotar, desde a infância, um desejo no único filho de Jim: ter seus próprios filhos. Muitos homens têm vergonha de admitir, mas Jamie sabia desde bastante jovem que queria ser pai e carregava uma confiança interna de que essa seria uma experiência positiva. "Viro meio paizão, mesmo quando vejo bebês de pessoas estranhas", confessou quando tinha pouco mais de 20 anos. "Faz muitos, muitos anos que quero ser pai."

▪

É claro que Jamie absorveu muito de sua própria criação idílica para usar como parâmetro para sua família um dia. Sendo o adorado filho mais novo da família Dornan, o pequeno Jamie fora imediatamente colocado sob a proteção de todos. A mãe o ensinou a ler, e ele se tornou um leitor ávido; as irmãs mais velhas tinham um irmãozinho para mimar, proteger e cuidar; e o pai lhe ensinava tudo que sabia.

Quando estudante, ele gostava de pescar, andar de bicicleta e acampar. Seu amor pelos animais o levou, nos tempos da escola primária, a querer ser guarda florestal – desejo que, com o passar dos anos, tomou uma forma mais excêntrica. "Vi um episódio de *Lassie* no qual havia um guarda florestal que dirigia um carrinho de golfe. Achei aquilo a coisa mais legal do mundo. Um guarda florestal que jogava golfe... isso se tornou um sonho", contou ao *Mail on Sunday*.

Frequentemente encontrado com o rosto enterrado em um livro, o mais jovem membro da família Dornan lia todos os clássicos infantis que lhe chegavam às mãos, o que viria a influenciar seu caminho para a idade adulta, conforme ele mesmo confessou. "Recentemente, reli todos os clássicos da minha juventude, *Swallows and Amazons*, *Tom Sawyer* e *Peter Pan*, porque eles tiveram um papel muito importante em minha formação, se bem que não sei exatamente como", comentou anos mais tarde.

É verdade que as cenas do início de sua infância não estariam inadequadas em um filme de Hollywood: os longos verões passados relaxando num quintal e desfrutando de churrascos e jogos no gramado, os frios invernos na Irlanda testemunhando a família se reunir em suntuosos e adoradíssimos jantares de domingo.

Quando Jamie começou a frequentar o colégio, imediatamente demonstrou aptidão para todas as disciplinas. O talento da família – independentemente de ele conhecê-lo ou não –, além das habilidades diversas e força natural pareciam se manifestar espontaneamente no jovem estudante.

O esporte era sua vida: ele era torcedor oficial fanático do Manchester United e jogador amador de futebol. Logo também ficou claro que tinha talento para o rúgbi. Graças à velocidade e leveza, Jamie era ideal para correr nas laterais.

Também se tornou reconhecido por suas idas ao McDonald's para devorar hambúrgueres antes das partidas. "Jogo na lateral desde que tinha aproximadamente oito anos. Sempre precisei ganhar peso, então, até a carreira de modelo começar, eu vivia comendo Big Macs", contou. "Eu me lembro da obsessão de Jamie por Big Macs", recordou um colega de classe. "Ele era um esportista fantástico e causava inveja em muitos de seus colegas."

Um cenário privilegiado também significava que, na infância, Jamie tinha mais oportunidades de se envolver com atividades do que muitos têm em uma vida inteira. Por exemplo, ele dividia com o pai a paixão pelo golfe e os dois jogavam todas as semanas. E como sua cidade natal, Holywood, ostentava o Royal Belfast Golf Club – o mais antigo clube de golfe da Irlanda, fundado em 1881 –, é claro que grande parte dos habitantes locais acabava se envolvendo com o esporte.

Como era o caso na maioria dos esportes que Jamie praticava, ele tinha uma habilidade natural: "Jogo golfe desde que tinha mais ou menos onze anos e agora jogo com handicap 13. Estou aberto a experimentar de tudo... yoga, pilates, qualquer coisa que você disser, vou tentar e ver o que posso aprender com isso".

Nenhum membro da família Dornan ficou surpreso com a habilidade natural de Jamie para os esportes; afinal, esse dom estava nos genes e ele claramente o havia herdado de seu avô paterno, James.

"Conforme um amigo comentou na cerimônia do meu [segundo] casamento, meu filho Jamie é um grande jogador de rúgbi e meu pai foi um grande jogador de futebol. É incrível notar que a habilidade para os esportes é capaz de simplesmente pular uma geração. Mas eu gostava de rúgbi", comentou Jim.

Logo cedo, Jamie também começou a demonstrar sinais de que queria atuar, o que deixou aqueles que conheciam a história da família ainda mais chocados. Um de seus primeiros papéis foi o de uma mulher, a Viúva Twanky, em uma peça de fim de ano na escola primária. Embora não fosse exatamente o mais fácil dos papéis para um garoto, ele se saiu excepcionalmente bem. Jamie adorava a energia de estar no palco, e seus professores ficaram tão impressionados com a performance que lhe deram seu primeiro prêmio de atuação.

Animado pelo sucesso, e como seu pai décadas antes, ele subitamente mostrou-se fascinado ao descobrir que havia uma atriz famosa na família. Sua imaginação acelerou e ele decidiu escrever uma carta a Greer Garson para avisá-la que estava seguindo seus tão bem trilhados passos.

Após fazer contato com vários membros da família, os Dornan animadamente conseguiram encontrar a atriz aposentada em um endereço em Dallas, Texas. "Quando você é criança, não assiste a obras como *Rosa da Esperança* ou a versão original de *Orgulho e Preconceito*, então eu não sabia exatamente quem ela era, mas escrevi uma carta mesmo assim", ele confessou. "Ela vivia no Texas, e conseguimos seu endereço por meio de parentes. Escrevi uma carta contando que havia feito o papel da Viúva Twanky na produção da nossa escola primária e recebido um prêmio por isso."

Infelizmente, em abril de 1996, logo depois de Jamie enviar a carta, eles viram o obituário da atriz na imprensa nacional. Ela havia morrido uma semana antes em um hospital do Texas, aos 91 anos de idade, após sofrer um ataque cardíaco. "Uma semana depois que enviamos a carta, recebemos a notícia de que ela havia falecido. Então, nunca tive contato, mas é incrível estar ligado a ela. Adoro assistir a seus filmes. Ela era prima de primeiro grau da minha avó", explicou o ator.

▪

Embora a vida em Holywood fosse boa, os arredores de Belfast eram um lugar por vezes assustador de se viver. A rica e diversificada capital da Irlanda do Norte, a apenas dez quilômetros de distância, era o centro de um conflito sectário – e violento – entre as populações católica e protestante.

Na época do nascimento de Jamie, os grupos opostos – republicanos, cujos seguidores acreditavam que toda a Irlanda deveria ser uma república independente, e lealistas, que queriam manter sua posição dentro do Reino Unido – encontravam-se profundamente envolvidos no que seria um conflito de 30 anos conhecido como Troubles.

Bombardeios, assassinatos e violência nas ruas formavam o pano de fundo na vida de Belfast entre 1968 e 1998. Em seu pior momento, em 1973, o IRA detonou 22 bombas no centro da cidade, no infeliz evento que se tornou conhecido como Sexta-feira Sangrenta e que matou onze pessoas. Paramilitares lealistas, incluindo a Ulster Volunteer Force (UVF) e a Ulster Defence Association (UDA), alegaram que os assassinatos haviam sido realizados em retaliação à campanha do IRA, embora a maior parte das vítimas fosse de católicos sem ligação com o grupo terrorista.

Apesar do fato de os Dornan viverem na arborizada cidade de Holywood, a ameaça de violência continuava sendo uma realidade cotidiana. Belfast era chamada de "capital europeia do terrorismo" e, embora Jamie felizmente pouco soubesse sobre a repercussão violenta dos Troubles, ele estava ciente do risco que isso significava. "Sou de Holywood, de uma parte boa da cidade. Crescer lá era tipo: 'Vamos fazer compras em Belfast', 'sem ameaça de bomba', 'ah, que se dane!'. Você se acostuma", descreveu.

Embora a religião tivesse um grande papel na história de sua família – afinal, tanto os avós paternos quanto os maternos eram pregadores leigos metodistas, Jamie é rápido em apontar que eles eram protestantes apenas no nome. "Sou protestante, mas essa palavra não poderia significar menos para mim. Simplesmente não dou a mínima", declarou. Em outra entrevista, acrescentou: "Acho que o pessoal da Irlanda do Norte tem uma espécie de sentimento geral não verbalizado do que é conviver com a segregação. Você tem consciência disso porque sabe quanta dor essas coisas causam. Foi uma pequena parcela de pessoas que arruinou a situação do país, que só deixou todo mundo puto da vida."

Em momentos tão problemáticos, a casa confortável dos Dornan tornou-se de diversas formas um santuário, uma proteção contra o mundo externo, um lugar onde a família vinha em primeiro lugar. Ademais, durante os anos de educação secundária, Jamie foi resguardado da violência no Methodist College de Belfast, uma escola de reputação. A instituição coeducacional fundada em 1865 não era renomada na Irlanda do Norte apenas por sua excelência acadêmica, mas também pelo impressionante registro de conquistas na música, no teatro e nos esportes. Situada na região sul de Belfast, a "Methody" oferecia uma grande variedade de disciplinas e atividades a seus 1.800 alunos, incluindo opções incríveis de esportes como golfe, remo, judô, caiaque, esgrima, *squash* e natação.

Com toda essa variedade, o futuro modelo prosperou e os esportes de competição continuaram sendo seu forte. Jamie era inteligente e popular e, na adolescência, tinha um círculo de amigos que se provaram ser para toda a vida.

As namoradas, todavia, eram poucas. Contrariando todas as probabilidades, considerando seu futuro como modelo, Jamie não impressionava com sua aparência. Era pequeno e magro para a idade, e constantemente chamado de "bonitinho" pelas amigas da irmã mais velha, o que o deixava bastante irritado.

Aos 16 anos, era um dos menores garotos da turma e, como aconteceu com seu pai, só atingiu a altura de 1,82 m aos 21 anos. A adolescência, portanto, foi complicada para alguém como ele, que desejava ser viril e esportista. Embora o físico juvenil não o impedisse de praticar esportes, certamente tornava o desejo feminino quase inexistente. "Eu realmente não passava o rodo nas garotas", queixou-se anos mais tarde. "Sempre pareci jovem demais e era muito pequeno. Odiava ser 'bonitinho'."

Mesmo assim, as garotas lhe despertavam o interesse e foi aos doze anos que ele finalmente deu o primeiro beijo. Infelizmente, não foi a mais romântica das experiências – aliás, assim como costuma ser a primeira experiência romântica da maioria das pessoas, o beijo foi rápido e nada, nada memorável. "Meu primeiro beijo foi aquele clássico atrás do bicicletário do colégio, quando eu tinha por volta de 12 ou 13 anos, com uma garota da qual não me lembro", falou.

Com as mulheres fora de questão naquela época, ele se concentrava nos esportes, na música e na atuação. Sofreu alguns contratempos e, como era asmático, teve de enfrentar a inconveniência de carregar consigo uma bombinha para todos os lugares aonde ia. Porém, nem mesmo um problema nos pulmões poderia impedi-lo de florescer nos esportes de competição; ele era focado e mais rápido do que muitos de seus colegas.

Ainda como atleta talentoso, era capaz de correr em velocidades muito altas – em certa ocasião, atingiu cem metros em 11,1 segundos. Também participou das equipes de rúgbi, futebol e críquete e as competições e partidas regulares de futebol significavam que seus pais dedicados com frequência torciam pelo filho na lateral do campo. Apesar de sempre ocupado por conta da profissão, seu pai tentava comparecer para dar-lhe apoio sempre que possível.

Porém, as conquistas no esporte não eram alcançadas sem uma boa dose de sangue e lágrimas e por duas vezes ele foi parar no hospital com o nariz quebrado. Aos quinze anos, seu técnico de tênis acidentalmente acertou-lhe a bola no rosto, "o que me deixou bochechudo", e ele acabou outra vez no hospital após uma colisão "particularmente assombrosa" durante um jogo de rúgbi.

Longe dos arremessos, Jamie dedicava-se à bem mais gentil arte dramática, e seu entusiasmo pelo teatro ganhou ainda mais força quando ele entrou para o grupo de teatro amador Holywood Player. O grupo, administrado pela irmã de seu pai, Carole Steward, permitia-lhe praticar e aprimorar seu dom para atuação. "Fiz muitas coisas no palco enquanto crescia. Minha tia tem um grupo de teatro amador em Belfast, então, com doze anos, eu já interpretava Chekhov", ele contou. Um ano mais tarde, acrescentou: "Eu adorava atuar e sempre quis chegar ao meu melhor para frequentar uma escola de teatro".

Seu pai sentia-se imensamente orgulhoso da proximidade da família e, diferentemente de seus próprios pais, encorajava o filho a seguir o sonho de ser ator. "Era para minha irmã ter sido atriz, mas, na época, meus pais não a encorajaram, então ela acabou virando fisioterapeuta. Mas também é uma ótima atriz amadora. Acho que quase todos os anos suas peças chegam à etapa final das competições tanto no Reino Unido quanto na Irlanda. É uma estrela. O teatro amador é grande em nosso país... O que mais se pode fazer em uma noite úmida de inverno na Irlanda ou em uma noite úmida de verão na Irlanda?!", brincou.

Jamie também era um astro ascendente nas impressionantes produções do Methodist College. "Ele era muito modesto. E teatro era uma das disciplinas em que ele se saía melhor", recordou a vice-diretora do colégio nos tempos de Jamie, Norma Gallagher. "Eu me lembro de vê-lo fazer com excelência o leiteiro em *Blood Brothers* e Baby Face em *Bugsy Malone*." Esse último foi claramente um papel entregue a Jamie por conta de sua aparência juvenil, similar à de Dexter Fletcher, ator de Hollywood que fez o papel no famoso musical sobre o gângster em 1976.

A vida ia muito bem para Jamie. Apesar dos altos e baixos da adolescência, ele estava feliz, seguro e se saía bem na escola, os pais acompanhando-o em cada passo da jornada. Mas, para seu terror, tudo viria a mudar de repente. O mundo confortável que ele conhecera e adorara durante os quinze anos até aqui seria abalado por um golpe esmagador quando, de forma inesperada, sua mãe Lorna foi diagnosticada com câncer em estágio terminal.

Foi uma dose amarga de realidade para um garoto de quinze anos, e os dezoito meses que se seguiriam seriam os mais horrendos de sua vida.

Capítulo 2
A perda da mãe

"Minha mãe era extremamente glamorosa, bonita e muito interessada em moda e estilo", declarou Jamie no ápice da carreira de modelo. "Ela estaria adorando tudo isso. E se sentiria extremamente orgulhosa." Claramente, mesmo anos após essa perda devastadora, ele ainda estava lidando com a morte da mãe; Lorna era (e teria continuado sendo) uma mãe que oferecia apoio a tudo o que o talentoso filho decidisse fazer. Jamie sentia muita saudade.

De fato, nada poderia ter preparado os Dornan para o choque da descoberta de que Lorna, com cinquenta anos, estava com câncer. Parecia inconcebível que a enfermeira, jovem, cheia de energia e sempre entusiasmada pela vida pudesse ser repentinamente atingida pela doença. Poucos dias antes de receberem a terrível notícia, os pais de Jamie haviam retornado de um fim de semana relaxante com a Ulster Obstetrics Society em Madri. Como não estava se sentindo bem, Lorna decidiu procurar um médico, que analisou os sintomas da doença: perda de peso, pele amarelada e falta de apetite. Alguns dias mais tarde, após outros exames, Lorna recebeu a devastadora notícia de que estava com câncer no pâncreas. E isso não era tudo: a doença estava em estágio terminal, ou seja, cirurgia e quimioterapia não seriam capazes de curá-la.

Lorna tinha de encarar o terrível fato de que tinha pouco mais de um ano de vida. Parecia particularmente cruel pensar que a dedicada mãe de três filhos, que os guiara ao longo dos anos de formação e os vira desabrochar como adolescentes bem equilibrados não teria a chance de testemunhar os próximos passos de suas vidas: carreiras, casamentos e filhos.

Jamie e as irmãs, Liesa e Jessica, ficaram abalados com a notícia. A infeliz situação era ainda mais complicada para Jim, já que seus anos de estudo e prática da medicina mostravam-se essencialmente inúteis diante dessa situação. Não havia nem cura, nem nada que ele – ou qualquer outra pessoa – pudesse fazer. "Isso foi o mais frustrante, saber que nada podia ser feito", contou o pai da família ao *Belfast Telegraph*. "As primeiras três semanas foram inacreditáveis... toda a família ficou arrasada."

Quando o choque começou a se desfazer, assim como acontece com muitas famílias atingidas pelo câncer, eles precisavam, de alguma forma, seguir com a vida. Os Dornan sempre haviam sido muito próximos, e agora, mais do que nunca, tinham de se unir e encarar de frente o câncer de Lorna. Jim foi direto com os três filhos e explicou que, embora a mãe fosse falecer vítima da doença, eles podiam se apoiar nele em busca de força e direcionamento. Amigos e membros da família se reuniram para ajudar, incluindo a mãe de Jim, que estava à disposição para cuidar de Jamie e das garotas.

"Inicialmente, tive dificuldades em encarar a perda de Lorna", contou Jim. "Eu e as crianças ficamos desolados; meu pai também morreu de câncer, então eu tinha uma ideia do que aconteceria. Minha mãe lidou com a situação muito bem e ajudou muito na situação de Lorna, mas é impossível se preparar para o problema, e todos nós passamos um curto período bastante devastados. Mas sempre senti que adoro desafios e gosto de encontrar uma forma de dar um jeito nas coisas, então eu disse: 'Está bem, somos quem somos, e como vamos lidar com isso?' Com a ajuda dos meus filhos e ajudando-os juntamente com o resto da família, conseguimos enfrentar a situação e Lorna foi ótima!"

Por fim, a única forma de seguir em frente era aceitar o prognóstico terminal. Jamie não perdeu tempo esperando um milagre ou buscando uma forma de salvá-la; em vez disso, o jovem rapaz passou cada minuto livre desfrutando do tempo que ainda tinha ao lado da mãe.

Embora tivesse sido angustiante receber a notícia, Jamie também se sentia grato ao pai por lhe contar a verdade, o que significava que eles podiam se concentrar plenamente em ficarem juntos durante os 18 meses que Lorna viveria, fazendo cada minuto valer a pena.

Mesmo assim, aquele foi um período bastante complicado de sua vida, um momento que ele não gosta de revisitar. "Foi um ponto de virada enorme, bizarro na minha vida. O que confortava era saber que ela não passaria por uma cirurgia, saber qual seria o resultado em vez de se apegar a alguma esperança de que ela ficaria conosco. Tivemos um ano e meio", ele recordou.

Por mais incrível que pareça, apesar de saber que não tinha muito tempo de vida, Lorna demonstrou uma força inimaginável pelos filhos e conseguiu permanecer positiva e interessada nas pessoas que deixaria para trás. "Ela não ficava feliz o tempo todo, nem nada assim, mas não tornou as coisas mais difíceis para nós", explicou Jim. "Não há dúvida de que todos precisam ter esperança, e toda a família e nossos amigos mantiveram a esperança, mesmo sendo uma esperança afetada por uma grande dose de realismo. E, obviamente, era importante que nossos filhos tivessem esperança para que o tempo restante fosse positivo, mas também fui realista com eles acerca de algo que eu sabia ser inevitável. Ela foi incrível durante toda a doença e continuou sendo uma mãe maravilhosa até o fim."

Lorna aproveitou o tempo que lhe restava e decidiu que precisava resolver algumas questões em sua vida, o que, por sua vez, trouxe alguns momentos realmente felizes para Jamie. Ela fora adotada logo após o nascimento, então decidiu procurar os pais biológicos e, ao fazer isso, descobriu que tinha uma irmã. Havia muito a ser celebrado e Jamie, com os demais membros da família Dornan, ficou contente em ver a mãe viver alguns momentos bastante especiais em seus últimos meses de vida. "Minha esposa procurou os pais, nós conhecíamos o médico que havia feito seu parto e ele a ajudou. Mas ela os encontrou pouco antes do fim, aos 50 anos de idade, e foi uma experiência maravilhosa", contou o pai de Jamie. "Ela tem uma irmã, que também manteve contato."

Lorna também se voltou à religião e foi batizada. Embora não compartilhasse das mesmas crenças, Jamie entendia por que ela se sentia reconfortada ao buscar Deus. "Eu luto contra toda a ideia de religião", contou ao jornal *Evening Standard*. "Mas minha mãe reencontrou a fé quando estava morrendo, e eu respeito."

Na mesma época, ela escreveu um livreto para ser entregue em seu funeral; isso a ajudou – e também a seus entes queridos – na aceitação da morte.

Lorna faleceu um dia após o aniversário de 21 anos de Liesa, um ano e meio depois de receber o diagnóstico. Apesar de testemunhar a morte lenta da mãe, Jamie ainda assim ficou chocado. A realidade de viver sem a mãe que havia se dedicado até o fim, mesmo depois de encarar a própria mortalidade, era devastadora. "Não existe um momento fácil para perder os pais, mas, quando se tem essa idade, é muito avassalador. Foi horrível", contou ao *Daily Telegraph*. "Passar por aquela situação certamente afetou o lado mais escuro da minha psique. Eu tinha 16 anos..."

A experiência foi tão assustadora que Jamie ainda revisitava os sentimentos, se um papel assim o exigisse: "Não estou dizendo que ter vivido a perda seja o motivo que me leva a visitar mundos mais escuros – de forma alguma estou dizendo isso. Mas acho que essas experiências fazem emergir um lado seu que, em termos de trabalho, não estaria acessível se coisas assim não tivessem acontecido", explicou.

Essa dor tão esmagadora, particularmente quando seus amigos adolescentes não eram capazes de se identificar com uma experiência tão forte, foi complicada. O adolescente sensível precisava de uma válvula de escape e passou a confiar seus mais íntimos sentimentos a um diário numa tentativa de entender o que havia acontecido.

▪

Logo após sofrer uma perda tão terrível, Jamie teve de passar por outro momento conturbado: ele foi enviado a um internato para cursar os últimos dois anos do ensino médio. Aquilo significava deixar para trás a feliz casa da família, com todas as memórias da mãe à sua volta, para levar uma vida em comunidade com os colegas de classe. "Sentimos que seria melhor para mim, eu acho", ele comentou anos depois.

E o pior de tudo foi uma mudança que seria desafiadora para qualquer filho aceitar: menos de um ano após a morte da mãe, o pai de Jamie se apaixonou novamente. Um médico colega de Jim havia lhe apresentado uma bela obstetra estagiária do Paquistão chamada Samina. Apesar da considerável diferença de idade de "aproximadamente duas décadas", o casal se apaixonou fortemente. "Conheci Samina por meio de um amigo ginecologista que conhecia Lorna muito bem, então conhecia muito bem todos nós. Ele tinha uma estagiária jovem e sabia que eu queria conhecê-la", recordou Jim. Ele descreveu os eventos: "Eu estava dando uma palestra em Dublin e ele a enviou para a conferência. Logo depois ela veio falar comigo. Foi instantâneo, pelo menos para mim, porque ela é bonita, mas também muito inteligente, tem senso de humor, e foi esse senso de humor que me levou a me apaixonar por ela. Caí de amores por ela, cortejei-a, fui de carro até Limerick para levá-la para jantar".

Estava claro que o pai da família estava muito apaixonado por essa jovem e não demorou até Jamie e as irmãs serem apresentados. Embora eles – e também sua mãe – soubessem que Jim seguiria a vida após a morte da esposa, os três irmãos inicialmente tiveram dificuldades para aceitar a bela médica na família. "Meus filhos foram ótimos, embora ninguém vá dizer que foi fácil no começo", comentou Jim alguns anos depois. "Eles sabiam que isso aconteceria... Só não sabiam quando nem com quem. Mas Samina e eles se dão bem e, com empenho de todas as partes, chegamos à situação em que nos encontramos agora. Samina se tornou uma espécie de amiga das meninas e talvez tenha tido um papel mais maternal na vida de Jamie."

A aceitação de Jamie, embora inegavelmente difícil, valeu a pena no longo prazo. O casamento veio apenas dois anos depois. Jim havia encontrado um novo amor e foi um alívio para os filhos ver o pai outra vez feliz. Samina levou riso e diversão à luxuosa casa em Cultra, em County Down, que no passado fora o espaço de Lorna e Jim. A madrasta Samina ajudou a reformar a casa da família alguns anos mais tarde, uma verdadeira prova para Jamie e suas irmãs do carinho daquela mulher que havia entrado em suas vidas. "A casa havia, como todas as casas após algumas décadas, ficado um pouco gasta", explicou o Professor Dornan em 2005 ao *Belfast Telegraph*. "Eu já tinha começado a mudar algumas coisas e agora, com a influência de Samina, a reforma foi dramática."

Ficava claro que aquela era uma relação fundada em profunda compreensão e gentileza, e Samina insistia em não impor limites aos assuntos abordados durante as conversas – a mãe falecida jamais seria esquecida. "Eu converso, sim, com Samina sobre Lorna e, obviamente, muitos membros de nosso círculo de amigos conhecem Lorna e falam sobre ela", explicou Jim. E acrescentou: "Samina não se importa nem um pouco."

▪

Embora Lorna continuasse presente nas memórias e conversas, Jamie, com dezesseis anos, ainda sentia muito a ausência da mãe. Como qualquer um que tenha vivenciado uma perda desse tipo deve saber, os sentimentos podem aflorar a qualquer momento. Porém, com o passar dos meses, essa dor foi pouco a pouco sendo substituída por esperança, e Jamie começava a aproveitar novamente a vida. Entretanto, quando ele começava a recuperar as forças, outra grande tragédia aconteceu.

Um ano e duas semanas após a morte da mãe, em agosto de 1999, um grupo de amigos morreu em um acidente de carro. Assim como Jamie, os garotos eram praticantes de esportes e tinham participado de várias equipes de rúgbi e hóquei no Methodist College. Animados, os quatro colegas haviam deixado o colégio numa tarde de sexta-feira para passar o fim de semana na casa de veraneio de um deles do outro lado da fronteira da Irlanda. Infelizmente, não muito tempo depois de partirem, o motorista acabou perdendo o controle do Vaxuhall Nova e se envolveu em uma colisão. Três deles morreram no local; o quarto passageiro, Chris Hanna, de dezessete anos, morreu posteriormente em um hospital próximo a Letterkenny. Enquanto os pais desolados eram chamados para identificar os corpos, descobriu-se que o outro carro envolvido no acidente levava duas irmãs e seus cinco filhos – um dos quais, um garoto de nove anos, que morreu em seguida.

Jamie e seus colegas de sala do Methody foram reunidos para receber a terrível notícia do acidente. Na ocasião, o diretor, Wilfred Mulryne, contou à imprensa que todos no colégio estavam de luto, e acrescentou: "É inacreditável imaginar quatro rapazes perdendo a vida assim".

"Foi uma ocasião horrível, uma dessas coisas que mudam sua vida. Você a leva consigo, acredito, e isso não vai mudar", descreveu Jamie. "Esses são acontecimentos que formam sua identidade. Provavelmente nada muito positivo, mas acho que mudou minha visão sobre a mortalidade e a morte."

A notícia o atingiu de forma particularmente forte, pois ele de repente se viu sofrendo pela morte de cinco pessoas; ademais, uma perda tão repentina e trágica inevitavelmente acabou mexendo com os sentimentos ainda recentes da morte da mãe. Jamie não sabia como lidar com a situação. Aqueles à sua volta estavam preocupados com seu estado de espírito e ele recebeu apoio psicológico para tentar trabalhar com as emoções. Não se envergonha de admitir que não teria conseguido passar pelos últimos anos na escola sem terapia, e, olhando para trás, agora percebe que sua saúde psicológica estava muito abalada. Relendo seus diários da época, fica claro que tinha pensamentos bastante sombrios e perturbadores. "Não tenho mais diários", admitiu alguns anos mais tarde. "Afinal, eu costumava me assustar ao reler o que tinha escrito. Você acaba aprendendo coisas sobre si que talvez não precise saber."

Mesmo após anos de terapia, ele ainda se mostra confuso com o impacto que acontecimentos tão fortes e traumáticos tiveram na formação de sua personalidade. Por um lado, eles lhe deram perspectiva, tornando-o mais capaz de enfrentar situações adversas. Perder um contrato para uma campanha de moda, por exemplo, seria decepcionante, mas ele sabia que não era uma questão de vida ou morte. Jamie estava muito consciente de que sua existência era preciosa e de que não valia a pena se estressar por coisas pequenas.

Por outro lado, sentia que poderia ter passado sem esses traumas, em especial em uma idade tão vulnerável, já que muitos de seus amigos aparentemente não tiveram que enfrentar tamanhos infortúnios durante a adolescência. "Passei por uma época horrível quando eu tinha 16, 17 anos. A terapia me ajudou a aguentar... Não sei como eu teria agido sem ela. É horrível dizer isso, mas é quase melhor eu ter passado por essas situações logo cedo, já que elas me prepararam para problemas que surgiriam posteriormente. [...] Na realidade, não sei se isso é verdade. Algumas coisas ruins aconteceram."

▪

Bons amigos também o ajudaram durante a recuperação, assim como a música, que havia se tornado grande parte de sua vida. Jamie era um guitarrista talentoso, e acreditava que se entregar à composição de canções o ajudava a enfrentar os dias difíceis.

Ele também forjou laços próximos com um colega de escola, David Alexander, que não apenas compartilhava a paixão pela música, mas também tinha perdido o pai ainda jovem, quando tinha 17 anos. Os dois garotos encontravam na coleção de discos – que incluía Bob Dylan, Buddy Holly e Rolling Stones – não apenas uma terapia, mas também influências para cantar e escrever músicas juntos.

Os dois passavam horas no quarto compondo e, quando tinham algumas faixas prontas, gravaram-nas em um CD. Entusiasmados com o trabalho, decidiram se tornar oficialmente uma dupla, que batizaram de Sons of Jim – porque os pais dos dois tinham o mesmo nome. "Dave e eu estudamos juntos e nos tornamos grandes amigos no sexto ano. Temos os mesmos interesses musicais e gravamos algumas faixas na Irlanda, só para deixar registrado em um CD", contou Jamie. Além de cantar e tocar guitarra, ele também tocava gaita, o que ajudava a dar um toque *folk* ao som da banda.

"O fato [de nós dois termos perdido os pais] nos ajudou a escrever nossas músicas", contou David sobre a compreensão mútua e os momentos de dor compartilhados. "Nós dois passamos por experiências semelhantes. Certamente podemos conversar sobre isso e saber o que o outro está sentindo quando certas emoções são expressadas por meio da música."

As noitadas com os amigos, muitos dos quais acabaram se tornando advogados, "não que alguém pudesse imaginar que isso aconteceria", também ajudavam no processo de cura, assim como os almoços de domingo em casa, com Liesa e Jessica, que davam grandes passos em direção a suas carreiras futuras como, respectivamente, diretora de marketing da Ulster Linens e designer de moda da Diesel na Irlanda.

A terapia também vinha disfarçada de exercícios físicos para Jamie, já que suas horas treinando rúgbi e futebol começavam a ter um efeito positivo sobre seu corpo. O físico tonificado, que posteriormente seria adorado por milhões de mulheres ao redor do mundo, começava a tomar forma, e Jamie se transformava em um jovem extremamente belo. Para seu alívio, ele já não era o garoto pequeno com rostinho de bebê da classe. "Como eu praticava muito esporte, sempre me mantive em forma. Quando me pediam para me exercitar um pouco antes de uma sessão de fotos, eu mentia e dizia: 'Está bem, vou fazer academia', mas não fazia nada", confessou certa vez, ao discutir o físico musculoso.

Muito embora os esportes o mantivessem com o corpo bem definido, Jamie continuava desapontado com sua aparência até ter idade suficiente para ostentar a barba. Assim que os hormônios permitiram, ele deixou a barba crescer o máximo possível e, pela primeira vez na vida, sentiu-se confortável com sua aparência – no mínimo porque essa barba escondia seus traços juvenis e diminuía a chance de ele ser chamado de "bonitinho" pelas mulheres.

Embora, de acordo com o astro, sua barba tivesse "ambições cabeludamente perigosas", Jamie a mantinha perfeitamente aparada.

E anos depois admitiu que, quando a carreira de ator o fez tirá-la, ele ficou "bastante nervoso". "Acho que fotógrafos e diretores percebem que meu rosto não funciona bem sem a barba. Fico com aparência de novo demais para vender roupas, para ser pai. Novo demais para qualquer coisa. [...] Ainda estou lutando contra aquela coisa de ser 'bonitinho'. Definitivamente não fico contente sem minha barba", admitiu.

Embora muitos adolescentes se identifiquem com a obsessão do jovem Jamie por deixar a barba crescer, mesmo adulto, com mais de 20 anos, o modelo frequentemente tinha ataques de inveja da barba alheia. Em uma ocasião, ficou impressionado com a floresta facial de um indivíduo no metrô de Londres. "A barba do cara era enorme. Eu fiquei encarando, adorei a forma como a barba dominava o rosto", ele recorda.

Com todos os hormônios da adolescência funcionando a pleno vapor e o estresse de perder a mãe e um grupo de amigos, Jamie seria perdoado se não passasse de ano na escola. Porém, contra todas as probabilidades e apesar de ter enfrentado alguns anos bastante complicados, ele deixou a escola com nota A em Literatura, Inglês e História da Arte. Para a alegria do pai, também conquistou uma vaga para estudar marketing na Teesside University. Esse caminho certamente não o levaria à Hollywood californiana, mas, como ele não sabia ao certo qual estrada tomar a essa altura da vida, o curso de três anos parecia uma boa opção.

▪

Jamie havia refletido sobre os laços com a família e o desejo de deixar Belfast e agora era hora de fazer as malas. Ele adorava a cidade e tudo que ela tinha a oferecer: a cena cultural, as galerias de arte, museus, bares, casas de show. Sem dúvida, para um rapaz como ele, que parecia interessado em tudo, o lugar era um refúgio: "É um lugar magnífico, com pessoas magníficas. Temos nossos problemas, mas são poucos. Existe uma sensação real de diversão, de boa natureza... As pessoas não se levam a sério demais. Eu tento não me levar a sério demais".

Ir para a faculdade também lhe oferecia a chance de deixar o ambiente confortável de sua casa para construir a própria vida e conhecer novos amigos que não sabiam nada de seu passado, o que parecia uma ideia interessante. E Jamie se sentia mais do que pronto para isso.

Porém, ao chegar à Teesside, em Middlesbrough, logo ficou claro que ele havia cometido um terrível engano. "É claro que a vida dele foi afetada pelas mortes da mãe e dos amigos e acho que isso o deixou com um grande senso de camaradagem", explicou seu pai. "Tudo o que se passou o tornou muito pensativo sobre a vida em geral e sobre o que ele queria fazer."

Sem saber se ainda estava abalado pelos eventos recentes ou se tinha se dado conta de que uma carreira no mundo do marketing não era o caminho certo a seguir, Jamie se desligou da universidade antes de concluir o primeiro ano e retornou a Holywood para reavaliar suas opções.

Sem se acomodar e desesperado para manter a forma, Jamie continuou jogando rúgbi, e foi então escolhido pelo Belfast Harlequins – um sonho que se tornava realidade. Ser um astro da equipe de sua cidade natal era exatamente o que ele há muito tempo desejava e agora tudo parecia se encaixar.

Porém, não muito depois disso, em 2001, sua irmã mais velha, Liesa, viu um anúncio incomum no jornal da cidade. As duas irmãs de Jamie há muito tempo tinham certeza de que o irmão possuía a boa aparência de qualquer modelo das passarelas, de modo que, quando viram que o programa de TV *Model Behaviour*, do Channel 4, realizaria uma seleção em Belfast, imediatamente o encorajaram a tentar.

Uma realização da Princess Production, o programa tinha um formato similar ao *Popstars*, da ITV1 – ou seja, acompanhava a vida de vários modelos promissores que viviam juntos e competiam pelo grande prêmio: um contrato com a agência Select, uma das mais importantes do mercado. "Para ser sincero, não fiquei muito entusiasmado. Não era algo que eu tinha vontade de fazer", admitiu Jamie ao *Sunday*

Times. "Naquela época, eu jogava rúgbi com frequência. Ser modelo não parecia o próximo passo."

Como não queria ir sozinho à seleção, Jamie conseguiu convencer um amigo a acompanhá-lo. Os dois, então, entraram na fila com vários aspirantes a modelo desesperados para provar da fama. E foram entrevistados pela equipe de TV e mandados para casa. Um telefonema os avisaria se tinham sido aprovados para participar do programa.

Por mais incrível que pareça, apesar de sua aparência e charme irlandês, Jamie não foi selecionado. "Não me chamaram para participar da próxima seleção", ele contou. "Acabei sozinho depois disso, e funcionou muito bem, para dizer a verdade."

Embora os executivos da TV não tivessem se mostrado exatamente apaixonados pelo garoto de olhos azuis, olheiros da agência Select o haviam visto e disseram ao belo rapaz de vinte anos para entrar em contato. Jamie estava em uma encruzilhada: havia deixado a faculdade para trás, queria desesperadamente ser ator e, embora a carreira como modelo fosse uma opção, ela parecia um tanto improvável. Todavia, uma coisa era certa: ficar parado em uma cidade pequena como Holywood, na Irlanda do Norte, em nada contribuiria para que ele chegasse à Hollywood americana.

Percebendo seu lado ambicioso, a madrasta Samina o encorajou a ir a Londres em busca da sorte. Jamie concordou. Um voo até o aeroporto de Stansted e dois trechos de trem mais tarde, o jovem belo e bem apessoado estava na capital com um pouco de dinheiro na conta bancária e um plano vago de frequentar uma escola de atores antes de descolar algum papel na TV ou no teatro. Mas havia também o plano B: ser modelo caso a carreira como ator não funcionasse. "Eu adorava o fato de que ser ator não exigia acordar às sete da manhã, tomar um trem com um milhão de outras pessoas, sentar-se diante de uma mesa e bater o cartão às 5h30 da tarde. Quando mais novo, pensei que um dia teria uma carreira no esporte. Também me envolvi com um grupo de teatro amador. Mas depois que você fica mais velho, precisa decidir mais ou menos onde quer estar e o que quer fazer, e as coisas simplesmente aconteceram", ele contaria mais tarde sobre o início da carreira de ator.

Verdade seja dita: as coisas não "simplesmente aconteceram" e sua ascensão à fama não foi tão simples quanto ele quis fazer parecer. Jamie teria de enfrentar habitações dignas de um orçamento apertado, noites sofridas em um pub e a tarefa ingrata de trabalhar como barman antes de conquistar a situação com a qual tanto havia sonhado – ah, e ele contaria com uma ajudinha do pai no meio do caminho.

Capítulo 3
Perdido em Londres

O risco era grande, especialmente considerando que ele sequer havia chegado perto de vencer o *Model Behaviour* do Channel 4. No fim das contas, porém, parecia que Jamie seguiria o plano B. Assim que chegou a Londres, sua inexperiência ficou clara. Apesar de vir de uma família abastada, o aspirante a ator mostrava-se inflexível no que dizia respeito a se sustentar, independentemente das consequências. Porém, sem nenhuma vaga na escola de teatro e nenhum trabalho interessante no horizonte, a mudança para Londres começava a parecer um enorme desastre. Os primeiros meses, para usar as palavras do próprio Jamie, foram "difíceis".

Ao chegar à capital, o jovem inexperiente alugou um apartamento em Hackney, East London. Embora essa região da cidade seja hoje em dia descolada, com seus *lofts* e casas pretensiosas, no final da década de 1990 ainda era um lugar indesejável para se morar, com altos níveis de desemprego, taxas crescentes de criminalidade e moradias de baixa qualidade.

A acomodação encontrada por Jamie era o extremo oposto da enorme casa na Irlanda do Norte, onde o espaço era generoso, e a cozinha bem equipada. O apartamento localizado na região decadente era bastante simples e as instalações da cozinha extremamente básicas. Com pouco dinheiro na conta, Jamie se recusava a gastar com o básico, então os móveis eram escassos e os mantimentos quase inexistentes. "Por algum motivo, apesar de algumas coisas serem muito baratas, eu tinha a sensação de que não podia comprar nem mesmo um bule", admitiu. "Para fazer chá, eu deixava a torneira de água quente aberta por um bom tempo, até a água finalmente sair escaldante."

Como costuma acontecer com os aspirantes em Hollywood à espera do primeiro papel, Jamie passou a trabalhar como barman em Knightsbridge, uma das áreas favoritas dos milionários e socialites na capital. Embora o serviço lhe rendesse um salário, trabalhar em pubs é capaz de destruir a alma de qualquer um, e logo começava a parecer que ele estava se distanciando de seu plano original. Para começar, ele bebia cerveja quase todas as noites e, por conta da falta de exercício e da dieta inadequada, perdeu mais de cinco quilos. Ao falar sobre seus primeiros seis meses em Londres, Jamie recorda: "Eu bebia demais e não conseguia me organizar. Trabalhei em um pub em Knightsbridge por seis meses e chorava todas as noites".

Os anos praticando rúgbi e futebol no colégio o fizeram chegar a Londres musculoso e saudável, mas frequentar uma academia estava fora de cogitação considerando a conjuntura atual. "Perdi mais de cinco quilos, mas não foi conscientemente", explicou. "Quando eu jogava rúgbi, estava o tempo todo na academia. Em Londres, eu simplesmente não ia à academia, então acabei naturalmente perdendo peso."

Assim, ele teve de encarar a realidade de que entrar para o mundo da atuação não aconteceria tão cedo. A agência de modelos Select, todavia, mostrou-se mais do que feliz em lhe dar uma oportunidade. Uma série de trabalhos surgiu ao longo dos meses seguintes, incluindo fotos para catálogos e poses extremamente piegas para o mercado de revistas voltadas para o público pré-adolescente.

Em 2002, ele também foi a Milão para tentar a sorte nas passarelas, mas a viagem à capital da moda acabou se provando um erro. O que a agência talvez não soubesse antes de ele chegar à cidade italiana era que Jamie tinha um jeito de andar muito incomum, o que o tornava totalmente inadequado para apresentar as roupas nas passarelas. "Não sou muito bom em andar – isso soa estranho, eu sei, porque é uma das primeiras coisas que todo mundo aprende a fazer", contou ao apresentador de TV Graham Norton alguns anos depois, explicando que sempre andava na ponta dos pés e que "se mexia demais". "Quando fui contratado como o rosto de uma grande empresa da moda e eles me viram andar, a possibilidade de eu abrir o desfile na passarela foi simplesmente riscada do contrato. [...] Era ruim a esse ponto", declarou posteriormente.

Portanto, inicialmente parecia que a carreira de modelo também não seria seu forte e ele já se sentia descontente com sua escolha profissional. "Não tenho interesse em ser modelo e não me considero um modelo", falou alguns anos mais tarde. "Fui a Milão em 2002 para participar de um desfile e não deu certo. A viagem só serviu para eu ser mordido por mosquitos."

Seu pai também parecia bastante impressionado com essa escolha profissional. "Não era exatamente o que meu pai esperava de mim. Muitos de seus colegas achavam constrangedor o fato de eu fazer fotos por dinheiro. Eu cresci jogando rúgbi e todos provavelmente pensaram que aquilo era meio gay", comentou.

Jim também ficou surpreso com o estado em que encontrou o filho após Jamie insistir para que ele viajasse à capital para assistir a uma partida de rúgbi. Quando chegou ao apartamento modesto em East London, descobriu que o filho tinha uma TV em preto e branco com a imagem péssima. "A tela ficava piscando. Sentei-me com meu pai, com uma xícara de chá feita com a água de uma torneira enferrujada e assistimos àquilo que eu insistia em chamar de televisão. Ele olhou para mim e falou: 'Filho, você não pode viver assim', e me ajudou a sair daquela situação."

De fato, era difícil para Jim ver seu único filho viver em tamanha miséria, especialmente depois de tê-lo visto passar por um momento tão complicado alguns anos antes, após a perda da mãe. Ciente de que Lorna também preferiria ver o filho em um ambiente mais seguro, Jim insistiu em ajudá-lo financeiramente e encontrar um apartamento em uma área melhor da cidade.

A demonstração de fé trouxe resultado. Com o apoio do pai, Jamie começou a trabalhar cada vez mais e a seguir um caminho que por fim o levaria a exercer seu verdadeiro dom: ser ator. A Select tampouco o deixou de lado e logo lhe ofereceria um contrato de exclusividade. Sem se dar conta do que estava por acontecer, Jamie passaria a desfrutar de um estilo de vida que jamais havia imaginado ser possível. Ele se tornaria um dos modelos mais famosos do planeta, viajando de Paris a Londres e Nova York para participar de uma série de campanhas que levariam sua imagem a outdoors de lugares que ele jamais havia sequer pensado em visitar.

Por enquanto, porém, ele havia se instalado em um apartamento confortável em West London com a ajuda do pai e a vida parecia muito mais positiva. Jamie continuava desesperado por ser ator, mas esse projeto teria de esperar mais alguns anos. "Sempre quis atuar, mas os contratos como modelo surgiram mais facilmente."

O golpe de sorte aconteceu quando ele foi visto por um fotógrafo do mundo da moda, Bruce Weber. Famoso por fotografar editoriais de moda para marcas como Versace em revistas como a *Vogue*, ele também realizava catálogos para grifes da moda de rua. E quando Jamie posou para a marca americana Abercrombie & Fitch, em 2001, ele pareceu perfeito para a estética "totalmente americana" de Weber. Usando uma camiseta de manga longa e uma jaqueta marrom, exibindo traços suaves emoldurados por cachos, Jamie possuía tudo que Weber adorava capturar através das lentes. "Gosto de mostrar homens e mulheres que tenham um aspecto saudável", declarou o fotógrafo, admitindo que modelos com distúrbios alimentares não o agradavam.

Embora não fosse alto, Jamie era atlético e forte e, portanto, adequava-se perfeitamente à proposta. Seu charme e modéstia irlandeses também fariam sucesso com Weber, que não muito antes de conhecer Jamie havia expulsado a modelo Cindy Crawford de um ensaio por ela ter sido grosseira. O fotógrafo havia feito "o rosto da Revlon" voltar para casa aos prantos após ela incomodar a equipe que trabalhava para a campanha da marca de maquiagens. "Ela foi tão grosseira com todo mundo, não comigo, mas com toda a equipe, que não pude aceitar", contou ao *Huffington Post*.

A belíssima modelo – que estava sendo fotografada em um ringue de boxe em Los Angeles, com um grupo de antigos boxeadores –

teria dito ao diretor de arte: "Por que Bruce está fotografando esses boxeadores velhos quando deveria me fotografar? Minha maquiagem já está pronta". Weber ficou tão surpreso com a atitude que mandou Crawford, que encerrou o contrato com a Revlon em 2001, ir para casa. "Ela foi a única modelo que mandei embora", acrescentou.

Para Jamie, portanto, foi um golpe de sorte ter atraído a atenção de uma pessoa como Weber e, embora o rapaz da Irlanda do Norte não adorasse a ideia de trabalhar como modelo – e nunca fosse adorar –, ficou impressionado com o homem que podia lhe ensinar tudo que ele precisava saber sobre a competitiva e reconhecidamente difícil indústria da moda.

Weber era humilde e gentil e logo ficou claro que estava impressionado com Jamie. "Weber é uma lenda. Não sei se conheço muito sobre o mundo da moda hoje em dia, mas certamente não sabia nada anos atrás... Mesmo assim, eu sabia quem ele era", contou ao *The Scotsman*. "A gente se deu muito bem, então nos primeiros anos eu basicamente trabalhei só com ele, o que, olhando para trás, é muito impressionante e inacreditável. Ele é incrível, paciente e gentil, além de dominar sua arte."

Enquanto isso, era o próprio Jamie que começava a dominar sua arte. E posar e fazer caras e bocas para a câmera era algo impressionantemente fácil para ele. O jovem também ganhava boa reputação com as equipes de trabalho por não agir como uma "diva" – afinal, ele não acreditava no *hype* e estava ali para fazer um trabalho. Além disso, Jamie ainda não acreditava que tinha tamanha boa aparência a ponto de receber um cachê simplesmente para olhar para a lente da câmera.

O que tornava o trabalho divertido, todavia, eram as pessoas excêntricas e criativas que ele conhecia pelo caminho. Aliás, foi em uma das primeiras grandes campanhas com Weber que Jamie conheceu uma pessoa interessante. Solteira e sozinha em Londres, uma jovem atriz estava prestes a virar seu mundo de ponta-cabeça. Aquela seria uma grande virada, tanto em sua vida pessoal quanto em sua carreira, e o mundo simples e humilde que ele conhecera ao longo dos últimos 21 anos jamais seria o mesmo.

Capítulo 4
Beijando Keira

A química foi inegável quando Jamie entrou no set de sua primeira campanha profissional em um dia quente de agosto de 2003 em Nova York e encontrou lá a atriz Keira Knightley. Os dois haviam sido contratados para posar na nova coleção da joalheria Asprey – ele, o modelo de beleza escultural, era de babar; ela, a estrela de Hollywood, considerada a sensação do momento.

A bela atriz de dezoito anos, que já tinha uma série de blockbusters no currículo (incluindo *Piratas do Caribe* e *Simplesmente Amor*), tinha sido contratada pelos joalheiros para ajudar a fazer a fortuna deles voltar a brilhar após uma perda de doze milhões de libras no ano anterior – e ela não decepcionou. Keira havia sido eleita a mulher mais desejada da Grã-Bretanha pela revista *Tatler* algumas semanas antes e era vista como a promessa de ser "maior do que Catherine Zeta-Jones e Kate Winslet juntas", então Jamie certamente esperava que sua colega na campanha fosse se comportar como uma diva.

Por sorte, e para a surpresa de Jamie, a atriz mostrou-se incrivelmente humilde e sempre disposta a dar risada. Ademais, a bela jovem era uma distração bem-vinda para Jamie, que participava de seu primeiro grande trabalho como modelo – o que, de uma forma ou de outra, era intimidador, uma vez que aquela campanha significava algo grandioso. "Assim que Jamie entrou no escritório da Select, sua carreira decolou. O primeiro trabalho foi algo enorme, o tipo de contrato que a maioria dos aspirantes a modelo precisa esperar anos para conseguir. E não foi um trabalho apenas para a Asprey, mas também para o lendário Bruce Weber. Jamie posa sem esforço, foi incrivelmente natural na frente das câmeras desde o primeiro dia e não demonstrou qualquer sinal de nervosismo", revelou uma fonte da indústria.

Apesar da compostura de Jamie, a locação – Westbury House, uma mansão enorme e luxuosa em Long Island, Nova York – era suficientemente intimidadora. E a situação se tornava ainda mais tensa, considerando que toda uma equipe de profissionais o recebeu no local. Bruce Weber fotografava uma série de atores e socialites famosos que haviam sido contratados para a campanha, incluindo Joseph Fiennes, ator vencedor do Oscar.

Jamie não era o único modelo masculino envolvido no trabalho, mas havia nele algo especial, algo que atraiu os olhares de Keira – provavelmente porque ele se sentia à vontade com o trabalho. Na verdade, como Jamie entrou para a carreira de modelo encarando-a como apenas um passo rumo ao caminho de se tornar ator, desde o início foi fácil para ele não levar o trabalho a sério demais. Além disso, ele sabia que tinha mais a oferecer do que apenas um rostinho bonito. "De modo geral, não gosto de dizer que sou modelo. Acho que as pessoas têm noções pré-concebidas – acham que você é vazio ou vaidoso demais. Sou só um cara que trabalhou como modelo. Na verdade, vim a Londres para estudar atuação", ele explicou.

Keira, embora já fosse uma atriz com grandes trabalhos no currículo, também estava, de certa forma, no começo da carreira. Logo após sair da escola, a bela estrela parecia contente e, embora ambiciosa, estava claramente apenas "deixando as coisas acontecerem". Aquela sessão de fotos não foi uma exceção e Keira afirmou que o que a atraiu em estar no anúncio foi poder colocar as mãos em joias realmente caras e não o que o trabalho pudesse significar para seu portfólio já invejável. "Sou uma amante dos diamantes", admitiu em uma entrevista durante a campanha. "Eles são lindos. Estou solteira no momento e pretendo ficar assim por um bom tempo, mas, se um homem comprar diamantes para mim, talvez eu mude de ideia."

A postura desencanada de Keira com relação a namoros também atraiu Jamie e, quando eles começaram a sair, não ficou apenas óbvio que desejavam um ao outro, mas também que tinham pontos em comum em suas personalidades. Assim como Keira, Jamie, cronicamente tímido, não vivia obcecado pelas armadilhas da fama e aparições no tapete vermelho e em festas do showbiz; em vez disso, eles dividiam uma paixão por preparar jantares em casa, passar as noites com familiares e comprar itens em bazares de caridade.

Outros homens talvez se sentissem intimidados pela beleza e pelo *status* de Keira, mas Jamie se mostrava à vontade no "ambiente controlado" dos sets de fotografia e achava fácil rir e flertar com a atriz. "Eu teria muito mais chance com alguém considerada realmente linda – como uma modelo ou atriz – do que teria com uma garota normal nas ruas", ele falou posteriormente. "Quando conheço garotas assim, estou num ambiente muito controlado ou estamos trabalhando juntos. No mundo real, quando saio com colegas e vou, digamos, a um bar, simplesmente não sei o que fazer."

Depois da sessão de fotos, os dois, percebendo que tinham muito em comum, trocaram números de telefone. Além de dividirem histórias sobre suas vidas agitadas, já que ambos vinham com frequência recebendo muitas ofertas de trabalho, Jamie admitiu a Keira que ele também tinha a ambição de ser ator. Então, ela o colocou em contato com sua agente, Lindy King, na agência PFD de Londres, que certamente o colocaria no caminho certo.

Com tudo funcionando bem na carreira, a relação entre eles se tornou mais forte, sendo prejudicada apenas pelo fator distância. Jamie foi enviado a Nova York, onde continuou batalhando na carreira de modelo, enquanto Keira retornou a Londres, onde ainda vivia com os pais em uma casa de três quartos em Teddington. Porém, ela não ficou muito tempo na cidade antes de ser escalada para o papel de Guinevere em *Rei Arthur*, e viajar à Irlanda para dar início às filmagens.

Os dois mantiveram contato por telefone e prometeram se encontrar tão logo fosse possível. As pessoas próximas ao casal, e em especial os pais de Keira, mostravam-se contentes com o romance que se desenvolvia. O pai da atriz, Will, que também era ator, e a mãe, Sharman Macdonald, dramaturga, receberam bem o rapaz simples que parecia ter a mesma ética profissional e natureza humilde de sua filha. "Jamie não se preocupa em estar no centro dos holofotes, não está em busca da fama de Keira; aliás, isso é a última coisa que ele quer", relatou uma amiga a uma revista. E disse mais: "Quando alguém como Keira sai com um cara, você sempre olha para ele e se pergunta se está fazendo o jogo porque quer ganhar alguma coisa. Mas isso não acontece com Jamie. Ele é extremamente bem-sucedido no que faz e tímido com relação a isso. Os dois formam um casal excelente".

Porém, nem todos estavam felizes. Quando Keira deu a notícia a seu ex-namorado, Del Synnott, em outubro, ele ficou arrasado. Ela o havia deixado alguns meses antes, depois de uma relação de dois anos e, em novembro, o angustiado ator de 25 anos foi levado às pressas ao hospital após uma suspeita de overdose. Uma onda de rumores teve início na mídia e entre os amigos, que diziam que, magoado, ele havia abusado das drogas, embora a família tenha veementemente negado as especulações.

Keira havia se apaixonado pelo astro de *Jogos, Trapaças e Dois Canos Fumegantes* em 2001, no set do filme americano *A Princesa dos Ladrões* e, embora ela tivesse superado a separação com relativa facilidade ao se jogar no trabalho, o ator enfrentara mais dificuldades. "Foi diferente para Del", explicou um amigo. "Ele não está trabalhando agora e acaba tendo muito tempo para remoer toda a relação. Ele ficou muito arrasado."

▪

Keira claramente ainda carregava um sentimento – ou culpa – residual por Del, e apressou-se ao Royal Free Hospital, em Hampstead, zona norte de Londres, para passar a noite com ele. Diante dessas circunstâncias, a relação de Jamie com a estrela acabou naturalmente ficando em segundo plano. "Keira ficou horrorizada ao descobrir o que tinha acontecido com Del. E correu para ficar ao lado da cama dele no hospital, onde passou a noite. Quando ouvimos que Keira estava em um hospital, todos imaginamos que o pior havia acontecido, porque ele estava muito chateado por ter terminado o relacionamento", contou um amigo ao jornal *News of the World*. "Ela insistiu em dar um tempo com Jamie até a poeira baixar."

A mãe de Keira, Sharman, também ficou preocupada com o ex--namorado da filha, e admitiu: "Estamos constantemente em contato com a família Synnott. Del vem recebendo os cuidados da família e está bem".

Enquanto isso, Jamie continuava em Nova York e percebia – para seu terror – que, graças à sua ligação com Keira, havia, do dia para a noite, se tornado assunto dos tabloides. Era a primeira vez que a vida do modelo era colocada no microscópio da mídia e ele detestava tudo aquilo. Seus agentes lhe disseram para não falar sobre Keira e para lhes passar as perguntas relacionadas ao assunto. Como resultado, os telefones tocavam sem parar, pois os jornalistas queriam saber cada detalhe sobre o novo homem na vida de Keira Knightley, e até mesmo a família e os amigos de Jamie passaram a ser abordados em meio às especulações.

Jamie, então, decidiu voltar para a casa da família na Irlanda do Norte para se esconder da imprensa e passar mais tempo com o pai (que era um homem realmente equilibrado) e com a família (que sempre lhe oferecia apoio). Aqueles que conheciam o despreocupado modelo de 21 anos ficaram chocados com o escrutínio público repentino e intenso que agora invadia sua vida, e mostraram-se preocupados com como a família, que era bastante reservada, enfrentaria aquilo. "Nós tínhamos pensado que toda a relação havia terminado", admitiu um amigo próximo da família. "Tudo aquilo foi um choque para Jamie e também para sua família. Não creio que ele tenha imaginado que seria lançado desse jeito nos holofotes."

E, enquanto Keira negava que havia ficado com Jamie, descartando a ideia como uma "bobagem", o modelo aparentemente não se saiu tão bem ao tentar esconder essa "bobagem" e, por engano, admitiu a um jornal que eles ainda estavam juntos. Embora o novato da mídia estivesse seguindo as instruções e dizendo aos jornalistas para entrarem em contato com seu agente se quisessem alguma informação, ele havia confirmado a relação com Keira ao fazer isso. "Basicamente, minha agência disse para que, se alguém me telefonasse, eu repassasse as ligações para eles", contou à revista *The People*. Enfatizando que não podia dizer mais nada sobre a namorada, ele acrescentou: "Não posso. Sinto muito, mas não posso".

Esse certamente não foi o início mais fácil para um relacionamento, mas, depois que a tempestade passou, os dois conseguiram seguir em frente com o romance com menos distrações. "Ele é ótimo, muito doce e sexy. Sou louca por ele", revelou Keira. "Ele mantém minha sanidade quando as coisas se tornam estressantes e sempre nos divertimos."

O casal descobriu que tinha muitíssimas coisas em comum: evitar restaurantes badalados e preferir os pequenos cafés e bistrôs, fazer compras em bazares de caridade e até mesmo tomar ônibus em vez de táxis caros. "Eu ainda ando de ônibus e faço compras no supermercado", admitiu Keira em uma entrevista concedida a um jornal. "Mas, com meu rosto estampado em praticamente todos os ônibus, tem sido um pouco mais complicado, para dizer a verdade."

Jamie também era o cavalheiro perfeito para sua dama inglesa: educado, tímido, focado e, acima de tudo, leal. Keira estava saindo com alguém que, mesmo tão lindo e desejado, não a trairia. "Sou um cara leal", ele explicou. "Detesto a ideia de até mesmo trocar de banco. Sei que eu poderia economizar dinheiro, mas gosto do meu gerente, então não quero decepcioná-lo."

▪

Embora ambos fossem bem-sucedidos por méritos próprios – Keira tinha começado a cobrar 1,5 milhão de libras por filme e Jamie estava sendo inundado com convites para trabalhos como modelo –, os dois compartilhavam um desejo por viver uma vida tão normal quanto possível. Porém, com as agendas lotadas que os colocavam com frequência a milhas de distância um do outro, a tendência era a situação ficar apenas mais e mais complicada. Keira já havia admitido que vinha enfrentando dificuldades para manter o controle de sua vida pessoal. "Certa manhã, acordei e percebi que não falava com minha melhor amiga há um mês e meio. Ela tinha terminado com o namorado e já estava com outro namorado e eu nem sabia de nada disso", comentou em uma ocasião. "Não sou fã de telefone e não uso e-mails nem computador, então, não manter contato é totalmente culpa minha."

A saudade claramente fazia o coração de Keira bater mais forte, como ficou claro quando ela admitiu, no set de *Rei Arthur*, que sentia falta de Jamie. Depois de passar quatro meses nas Montanhas Wicklow, na Irlanda, filmando o blockbuster histórico, ela queria mais do que apenas jantares com o belo modelo. "Sinto como se eu estivesse na universidade, mas sem dar uns amassos... o que é uma pena", confessou.

Como os dois se viam muito pouco, não é surpresa o fato de que, no início de 2004, começaram a surgir rumores de que o casal havia se separado. E, em fevereiro, a imprensa já espalhava que Jamie tinha perdido a namorada para o ator Adrien Brody, que fazia o papel do amante de Keira no thriller psicológico *Camisa de Força*.

Os dois tinham gravado uma cena de sexo ardente e Adrien teria ajudado Keira a se acalmar levando-lhe vodca e outras bebidas ao camarim antes das filmagens. Eles também estavam instalados no mesmo prédio em Glasgow e foram vistos explorando juntos a vida noturna da cidade, incluindo um "encontro romântico" em um show da banda White Stripes. Em fevereiro de 2004, a agência de notícias WENN informou que Keira e seu colega de elenco eram inseparáveis, acrescentando: "Isso vem logo após o fim do romance com o modelo Jamie Dornan. Uma fonte que participou das gravações afirma: 'Eles são muito próximos e passam bastante tempo juntos. Keira e Adrien parecem ter se apaixonado'."

Os rumores do romance eram falsos e essa foi a primeira de muitas situações desafiadoras que o novo casal teria de enfrentar juntos. Um Adrien furioso também falou sobre o assunto mais tarde, quando os rumores ameaçavam destruir sua relação, além de ferir as reputações de Keira e Jamie. "Disseram que nós jantávamos juntos, em encontros íntimos e à luz de velas em meu apartamento, mas isso não é verdade", esclareceu. "Jantamos juntos algumas vezes porque estávamos trabalhando juntos, mas nunca tivemos nada além disso."

Duas semanas após os rumores do fim do relacionamento, o agora extremamente famoso modelo embarcou em um voo rumo a Glasgow para visitar Keira no set. Os dois foram vistos andando em um parque na cidade escocesa antes de pararem para um abraço e uma conversa íntima. A cena bucólica deixava claro como um dia de verão que a relação ainda não havia chegado ao fim – aliás, estava longe disso. Nos bastidores, eles começaram a discutir o futuro juntos e Keira, apesar de sua promissora carreira de atriz, estava pensando em mudar de rumo e fazer faculdade.

Jamie supostamente teria se posicionado "totalmente contra" o plano de Keira de frequentar a Oxford Brookes University, pois ele já tinha rejeitado a ideia de ter um diploma e decidido seguir seu próprio caminho. Jamie também teria demonstrado preocupações no sentido de que, apesar de o último filme da atriz, *Rei Arthur*, ter sido mal avaliado pelos críticos, a carreira dela era boa demais para ser deixada de lado. Os cínicos cruéis brincavam, enquanto isso, espalhando boatos de que ele provavelmente estava preocupado porque sua namorada famosa estaria cercada de alunos querendo sair com ela. "Jamie acha que Keira está ganhando reputação em Hollywood e pode estudar depois, então ele não entende por que ela quer fazer isso agora", contou um amigo a um jornal. "Keira só tem 18 anos e Jamie a considera uma cidadã do mundo. Só quer ter certeza de que ela vai tomar a decisão mais acertada. Jamie parece pensar que ela estaria totalmente cercada de admiradores na universidade, ao passo que, no mundo do cinema, ela é apenas mais uma mulher bonita em meio a muitas pessoas bonitas, o que diminui a chance de uma traição", acrescentou outra fonte.

▪

Quando as filmagens de *Camisa de Força* chegaram ao fim, em março, Jamie teve a chance de acertar as coisas com Keira. Quando ela voltou a Londres para celebrar em casa seu aniversário de 19 anos, ele finalmente conseguiu passar um tempo com a namorada. Também teve a oportunidade de conhecer a família Knightley, ocasião em que ficou claro que a relação daria certo. A mãe de Keira, Sharman, imediatamente deu-lhe as boas-vindas e rapidamente tornou-se uma confidente de Jamie, pois o jovem casal do showbiz, nas semanas e meses seguintes, começaria a lutar contra certos aspectos negativos – e bastante assustadores – da fama. "Sharman sempre gostou muito de Jamie. De todos os namorados de Keira, ele foi seu preferido", revelou um amigo da família um ano após o fim do relacionamento. "Talvez isso se devesse ao fato de Jamie ter perdido a mãe aos 16 anos e Sharman ter quase feito o papel de uma mãe postiça para ele. Jamie é um cara muito vulnerável. Além disso, ela é escocesa e ele da Irlanda do Norte, então essa ligação celta deve tê-los ajudado a se dar bem."

Com a pausa nas filmagens, o casal teve tempo de cuidar da relação e encontrou muito com que se ocupar. Como era o aniversário de Keira, ela decidiu sair para fazer compras e também procurar um carro – "um Mini Cooper S preto". O casal também passou a procurar casas. Era hora da bela atriz se mudar da casa dos pais e Keira convidou Jamie para morar com ela. "Não sei se eles encontraram alguma casa que valesse a pena, mas Jamie certamente gostou de sair em busca!", um observador notou ao ver o casal olhando a vitrine de uma imobiliária na zona oeste de Londres.

Keira, por fim, comprou um apartamento de 1,5 milhão de libras no requintado Mayfair e, em junho de 2004, o casal foi viver junto – e com alguns amigos. "No fim das contas, acabei me mudando com seis pessoas", ela contou ao apresentador americano Jay Leno. "O que foi um problema, porque só havia dois quartos. O apartamento estava sempre superlotado! E eu continuava convidando mais pessoas para morar, esquecendo que só tínhamos dois quartos." Longe de ser um ninho romântico para os dois, o apartamento também tinha outros problemas: "Há goteiras, a eletricidade não funciona direito e a descarga quebrou", ela admitiu na época.

Depois de um período vivendo outra vez na casa dos pais enquanto os problemas do apartamento eram solucionados, o casal voltou a viver junto, só que dessa vez apenas eles, e Jamie pôde conhecer a "verdadeira" Keira. Tendo crescido com duas irmãs, ele estava acostumado a viver com garotas, mas, mesmo assim, provavelmente não tinha imaginado que Keira fosse muito desleixada e gostasse de desfazer as inibições soltando pum. "Assim que você solta um pum na frente de alguém, toda a ilusão se desfaz imediatamente", ela comentou.

Sem se incomodar com o "humor de toalete" da namorada estrela de cinema, Jamie agora estava totalmente apaixonado e, durante as noites, eles preparavam refeições em casa – incluindo as especialidades dele: assado com espaguete à bolonhesa. E ela desafiava os estereótipos de gêneros e comprava-lhe flores. Porém, a domesticidade parecia terminar aí, pois Keira admitiu que com frequência levava a roupa suja para ser lavada na casa da mãe, em Teddington.

Os laços de família se fortaleceram ainda mais quando Jamie convidou Keira para visitar a casa onde ele passara a infância, na Irlanda do Norte. Ela foi muitíssimo bem recebida pela família carinhosa do modelo – e imediatamente se deu bem com Jessica, irmã de Jamie que havia sido designer da grife Diesel, pois as duas dividiam uma paixão pelos livros e pela moda. Também encantou o pai, Jim, que claramente acreditava que a estrela era uma influência positiva sobre o filho após as tragédias da adolescência. "Bem, ela é, sim, uma pessoa muito adorável", falou o obstetra ao *Belfast Telegraph* no final de 2004. "Nós nos encontramos algumas vezes e ela é uma pessoa muito simples. Visitou a Irlanda do Norte e, como Jamie, é uma grande fã dos sanduíches da Doorsteps da Lisburn Road."

Não demorou para surgirem os rumores de que Jamie se casaria com sua namorada famosa em menos de um ano. "Eles foram vistos andando pela Bond Street outro dia, olhando as vitrines de joalherias que vendem anéis de diamante. Keira pareceu gostar de algo muito especial e disse a amigos que queria se casar mais cedo, e não mais tarde", divulgou um amigo ao jornal *Daily Mirror*.

"Eles também visitaram um joalheiro na Harrods, mas a loja jurou manter segredo e prometeu não contar nada. Parece que estão se preparando para um noivado, ou talvez já estejam noivos e mantendo segredo." Ao falar sobre a relação "complicada" que o casal tivera anteriormente e a casa na qual eles agora viviam juntos, a fonte acrescentou: "Eles passaram por alguns problemas com reformas no apartamento, mas estão se saindo bem". Com relação aos rumores sobre o casamento, Keira quebrou o silêncio alguns dias depois, em uma entrevista a uma revista, dizendo: "Jamie é ótimo, mas sou nova demais para me casar. Talvez no futuro, mas casamento e filhos não me passam pela cabeça agora".

De fato, Jamie e Keira tinham questões mais sérias no horizonte. A lindíssima atriz ostentava grandes filmes no currículo e havia se tornado conhecida – e agora vivia em um dos bairros mais populares de Londres. Mas a fama vinha com um preço. Quanto mais conhecida Keira se tornava, menos liberdade o casal parecia ter e, em certos momentos, a situação se tornava perturbadora. Jamie agora se mostrava seriamente preocupado com a segurança da namorada – e, por associação, com a sua própria –, pois ela era perseguida por paparazzi semanalmente (às vezes, diariamente), além de ser seguida por fãs obsessivos. "Eu já me peguei pensando: 'Veja o que aconteceu a Diana'", admitiu Keira na época, referindo-se à Princesa Diana, que morrera anos antes em um acidente de carro ao ser perseguida por paparazzi. "Por algum motivo, seu instinto é o de fugir e você começa a pensar: 'Meu Deus, um acidente poderia ter acontecido aqui'."

Os fãs também começavam a esperar Keira voltar para casa à noite e sua mãe Sharman, aterrorizada, deu início a um ritual que consistia em passar um pente fino pelas ruas antes de deixar a filha sair do carro, para evitar que alguém a agredisse. "Havia um louco que andava na frente da minha casa, foi realmente alarmante. Minha mãe ficava muito preocupada, e eu odiava tudo aquilo", revelou a atriz.

"Keira sabe lidar com a situação, mas é possível entender a preocupação de sua mãe. Houve um cara que deixou Sharman realmente preocupada", declarou um amigo em 2004. "Provavelmente é apenas um fã inofensivo, mas nunca se pode ter certeza. Existem muitas pessoas estranhas em Londres."

Jamie compartilhava das preocupações de Sharman e declarou à *BBC Radio Ulster* dias depois: "Ela é uma jovem de dezenove anos e, se vai a qualquer lugar sozinha, tem pessoas a seguindo. Quase certamente são paparazzi, mas sempre existe a chance de ser algum louco. Você acaba convivendo com paparazzi e essas coisas, mas eu os acho muito baixos. Simplesmente não os suporto!".

Ficava cada vez mais claro, a partir da rara abertura de Jamie acerca da situação, que, com a responsabilidade de namorar uma pessoa pública, vinha também um preço a ser pago. Ele e Keira começaram a sair de casa vestidos de forma muito discreta para tentar não atrair atenção – ela usava calças largas, gorros, não se maquiava. As baladas passaram a ser substituídas por noites em frente à TV para evitar estar em público. A atenção imperdoável, todavia, não se limitava a Londres, pois os habitantes de Holywood, County Down, onde Jamie havia passado a infância, também começaram a notar a presença da atriz nos finais de semana. "Ela já esteve aqui antes, mas ninguém a reconheceu... Provavelmente isso será mais difícil de agora em diante", falou uma fonte ao jornal local.

As coisas pareceram piores quando, no lançamento de *Rei Arthur* em Londres, os dois se tornaram o centro de um terrível alerta de segurança. No tapete vermelho, Keira estava à altura de uma celebridade, ostentando o equivalente a 250 mil libras em diamantes emprestados da Asprey e acompanhada por Jamie, que usava terno e camisa de seda preta. Milhares de fãs haviam comparecido ao evento na Leicester Square e o jovem casal não conseguia acreditar na reação que estavam recebendo. "Não acredito que tem tanta gente aqui", a agora famosa namorada de Jamie teria dito. "Acho que não vou me acostumar nunca com esse tipo de reação."

O casal estava surpreso com a situação, mas, conforme a noite seguia, o entusiasmo se transformou em desespero quando, por conta de "uma falha de comunicação" com os organizadores do evento, os dois foram deixados sozinhos durante um empurra-empurra na área VIP. Preocupados com a possibilidade de o colar e a pulseira serem roubados em meio ao caos, os seguranças se apressaram em meio à multidão e seguraram dramaticamente a atriz, arrancando-lhe as joias do braço e do pescoço. Jamie e Keira se sentiram expostos e muito, muito assustados. "Realmente fiquei com medo. Os seguranças vieram correndo à meia-noite e arrancaram os acessórios de mim. [...] Foi aterrorizante ver todas aquelas pessoas se empurrando à minha volta quando eu estava usando todas aquelas joias", ela revelou na época. "Então elas foram guardadas e pude participar com Jamie da festa. Ele ficou realmente preocupado com minha segurança."

Ser lançado no mundo das celebridades sem dúvida começava a se tornar uma tarefa árdua para Jamie, que tentava levar a vida "normal" que tanto lhe agradava. Afinal, não era sua carreira que começava a atrair fama internacional e atenção intrusiva, mas a de Keira. Ser o namorado da atriz requeria uma dose enorme de responsabilidade e lealdade – além de ser, sem dúvida, um enorme risco. Enquanto ela assumia o centro da cena e colhia as recompensas financeiras, ele se via forçado a ficar no banco traseiro, apesar de ser quase tão escrutinizado quanto a namorada.

Em sua casa, na Irlanda, cada passo que Jamie dava era documentado e celebrado – algo de que ele não tinha como escapar. "A imagem dos homens de Ulster se transformou na semana passada, quando Jamie Dornan, modelo de 21 anos de Holywood, apareceu de braços dados com a atriz Keira Knightley na estreia de seu novo filme, *Rei Arthur*", o jornal local anunciou. "A bela atriz estava acompanhada de Jamie e quase todos os flashes de paparazzi do mundo disparavam na direção do casal, lançando o rapaz de County Down ao palco internacional. Com seu estilo simples, cabelos loiros curtos, pele bronzeada, olhos azuis-acinzentados e barba por fazer, Jamie agora representa o epítome do glamour relaxado – um verdadeiro homem de Holywood. Holywood, County Down, é claro."

Enquanto isso, Keira era manchete de revistas e jornais ao redor do mundo; os fotógrafos a seguiam aonde ela fosse e, a cada filme, vinham as infinitas entrevistas à imprensa e aparições no tapete vermelho. Jamie, o namorado atencioso, agora deveria se comportar de forma impecável para não macular a reputação da atriz, permanecendo de boca fechada sobre os detalhes do relacionamento enquanto aguentava várias ameaças à sua segurança. "Ela é a pessoa mais bonita e humilde que já conheci", ele declarou um ano depois. "Andar no tapete vermelho é muito assustador. E, a não ser que você seja o tipo de pessoa que gosta de responder perguntas sobre quem fez seu vestido, algo que Keira não é, acaba assombrado. Ela é só uma jovem."

A coisa não seria fácil, mas, pelo menos por enquanto, Jamie parecia feliz e muito apaixonado e os dois enfrentavam juntos o meio insano do showbiz. "Você acordava e lia os jornais ou entrava na internet e via uma foto de Jamie com Keira em algum lugar como o Pret a Manger", contou uma fonte próxima do casal.

"De acordo com um colunista, ele estava comendo um sanduíche de atum com maionese naquele dia", continuou a fonte. "Era uma loucura. O mundo sabia mais dele do que seus próprios amigos. E você começava a se perguntar por quanto tempo alguém tão reservado e tímido como Jamie suportaria aquele nível de invasão. Mas, a bem da verdade, ele parecia estar se saindo bem, então ninguém questionava muito. E Keira obviamente valia os incômodos."

Capítulo 5
Pensando a longo prazo

Não restava dúvida: Jamie estava abalado.

A carreira de Keira agora a levava a Hollywood para as filmagens do thriller de ação *Domino: A Caçadora de Recompensas* e não demorou até o orgulhoso modelo viajar a Los Angeles para levar a famosa namorada às compras. O casal já se esquivava dos rumores de que Jamie só estava no relacionamento para tentar alavancar a carreira, mas a verdade era que eles formavam um casal apaixonado. "Ele mantém a sanidade dela", um amigo do casal disse na época. "Keira é a primeira a admitir isso. Jamie é muito pé no chão e doce. Seria fácil para ela ser consumida pela carreira, mas ele a lembra de que existe um mundo fora de Hollywood."

O casal, então, foi visto andando de mãos dadas por Tinseltown, entrando e saindo de lojas, deixando uma livraria com uma autobiografia de Bob Dylan nas mãos antes de fazer compras na butique de roupas íntimas da Victoria's Secret. Ficava claro que a relação estava prosperando, apesar da necessidade de percorrer grandes distâncias – às vezes, milhares de quilômetros – para passar algum tempo juntos.

Em janeiro de 2005, sempre compreendendo as situações da carreira de Keira, Jamie foi fotografado ao lado dela no Sundance Film Festival, em Utah, onde eles assistiram ao filme *Camisa de Força*. Um mês depois, eles se reencontraram em Londres, dessa vez para andarem abraçados, na chuva, pelas lojas de antiguidade de Notting Hill. "Keira andava contente, de mãos dadas com Jamie, e dava para perceber que eles estavam totalmente apaixonados", declarou, na época, um espectador a uma revista.

Eles haviam retornado à capital para o aniversário de vinte anos de Keira, uma cerimônia simples e reservada a amigos próximos e familiares. "Gosto de ir a lugares normais, bistrôs e cafés básicos", ela admitiu. "Nunca fui o tipo de pessoa que vai a lugares como The Ivy para fazer pose. Simplesmente não sou assim."

A verdade era, obviamente, que se tornava cada vez mais impossível para Jamie e Keira se encontrarem em lugares públicos, por mais que quisessem. Ela havia trabalhado em três filmes em 2004 e o interesse da mídia era esmagador; quando não estava cercada pela imprensa ou dando entrevistas para a TV, havia outra estreia, um evento de caridade ou testes e ensaios para um próximo papel.

Jamie tampouco andava desocupado. Sua carreira de modelo estava em ascensão e inúmeros *bookings* agora o faziam atravessar o globo. Desde que participara da campanha para a Aspray ao lado de Keira, os telefones da Select não paravam de tocar com convites para ele participar de campanhas. A agitação em torno do relacionamento havia inegavelmente ajudado e, após ele acompanhar a namorada famosa no tapete vermelho na estreia de *Rei Arthur*, em Nova York, em junho de 2004, seu perfil internacional entrou em plena ascensão.

Não demorou até ele estar na dianteira de uma campanha para a Calvin Klein. Era o grande avanço que Jamie esperava na carreira de modelo. Em uma série de fotografias eróticas e polêmicas para a coleção do outono de 2004, ele apareceu usando calça jeans preta e justa, ostentando um torso nu e torneado na praia ao lado da supermodelo russa Natalia Vodianova.

A campanha foi tão bem-sucedida que ele se tornou um favorito da empresa. Novas propostas de trabalho surgiram quando, duas estações depois, o grupo Calvin Klein o chamou novamente – dessa vez, para posar com a formidável Kate Moss. As imagens o transformaram em uma espécie de embaixador do estilo de vida Calvin Klein, uma marca que era descrita na impressa como "quente, sexualmente provocante e ardente" e considerada "pornográfica" em algumas regiões – a ponto de provocar protestos embaixo dos outdoors.

A portas fechadas, todavia, Jamie parecia inabalado com a agitação que os anúncios sensuais provocavam. "A Calvin Klein quer que as campanhas sejam polêmicas, então, as pessoas protestando debaixo de um outdoor com Natalia Vodianova mordendo meu traseiro... É exatamente o que eles querem, chamar atenção", ele contou ao jornal *The Times*. "Espero que isso seja o mais próximo da pornografia que eu vá chegar."

Ao longo do verão, outros contratos surgiram e Jamie estampou coleções da Tommy Hilfiger e do designer britânico John Richmond. "Jamie Dornan é um dos mais instigantes *new faces* chegando à cena de modelos internacionais este ano", escreveu a revista *Showcase* em junho de 2005, estampando uma fotografia de Jamie com a cabeça raspada e usando uma camiseta de John Richmond.

Agora ele vivia em Nova York e as propostas chegavam aos montes. Naquele ano, a Armani Exchange lançou uma campanha inspirada em estampas caribenhas e, em seguida, veio uma matéria na *GQ Magazine* na qual Jamie foi chamado de "a versão masculina de Kate Moss". "Num período de vinte anos, acho que vi aproximadamente quatro modelos trazerem o que Jamie Dornan tem", comentou Jim Moore, diretor criativo da *GQ*, que atribui grande parte do sucesso do modelo ao fato de ele ter um rosto que a câmera adora. "Mas há algo mais. Ele é a versão masculina da Kate Moss. Suas proporções são um pouco fora do comum. Tem um corpo ligeiramente musculoso. É menor do que os modelos costumam ser. Mas seu torso é longo, e então ele parece mais alto, e traz uma atmosfera relaxada à profissão. Sabe o que quer, mas, diferentemente de muita gente, não está se esforçando para ser um modelo. Não está *sendo* modelo."

Impressionantemente, mas característico de Jamie, ele não acreditava no *hype*. Em vez disso, atribuía seu recente sucesso aos *bookers* americanos sendo enganados por seu charme irlandês. "Acho que o único motivo pelo qual me dei bem até agora é o fato de eu não levar tudo isso muito a sério", contou a uma estação de rádio da Irlanda do Norte. "Eu me sinto muito abençoado por poder fazer isso e é uma ótima forma de ganhar dinheiro, viajar e me divertir. [...] Você vai aos

Estados Unidos, conversa com algumas pessoas com um sotaque irlandês e elas adoram. Acabam achando que você é muito legal e fecham um contrato."

O ensaio para a revista *GQ*, em janeiro de 2005, foi um sucesso estrondoso, e o site foi inundado por comentários de fãs – tanto homens quanto mulheres. Ironicamente, as imagens – que mostravam o astro irlandês posando com um terno cinza e os cabelos penteados para trás – foram pinçadas dos arquivos em 2013 pela *E! Online* e postadas no site no anúncio de Jamie para o filme *Cinquenta Tons de Cinza*. "Muito embora Jamie esteja totalmente vestido na edição de janeiro de 2005 da *GQ*, ele já incorporava, nessa época, o jeito sexy de Christian Grey", elogiou um jornalista do site de entretenimento.

É verdade afirmar que, "já naquela época", quando Jamie tinha pouco mais de 20 anos, ficava muito claro que ele tinha algo fora do comum. Aliás, não era surpresa que a notícia de sua capacidade de atuar sem fazer muito esforço para a câmera tivesse começado a se espalhar pela indústria e que os primeiros rumores de que Jamie era um verdadeiro ator tivessem começado a surgir. Um amigo admitiu, algumas semanas depois do editorial da *GQ*, que o modelo estava sendo estimulado a tentar a carreira de ator. "Jamie está trabalhando como modelo para a Select, mas vem sendo abordado por uma série de agências de atores. Ele é irlandês, tem os cabelos escuros e pode cultivar ou não a barba, então está sendo apontado como o próximo Colin Farrell", contou uma fonte ao jornal britânico *Mail on Sunday*.

▪

Até aquele momento, a vida de Jamie estava focada em duas coisas: a carreira de modelo e Keira. Enquanto a carreira se mostrava prestes a ganhar velocidade e talvez seguir por um novo caminho, rumo à tão sonhada atuação, o casal apaixonado decidiu fazer uma pequena pausa em suas agendas, em abril, para tirar férias juntos. Fizeram as malas e seguiram rumo a um resort de luxo no Caribe, onde esperavam desfrutar das areias douradas e das águas cristalinas tão distantes dos holofotes de Hollywood. Ansioso por deixar a namorada feliz, Jamie também fez de tudo para assegurar que Keira tivesse férias românticas memoráveis no hotel suntuoso na Ilha de São Vicente. "Jamie deu ordens para que os funcionários do hotel cobrissem o quarto com pétalas de rosas e acendessem 50 velas. Ele queria oferecer a Keira uma noite verdadeiramente romântica. E é justo dizer que ela ficou impressionada", uma fonte contou ao *The Mirror.*

Porém, esse precioso "tempo sozinhos" que o casal tão desesperadamente desejava não durou muito. Poucas horas após eles pisarem em solo tropical, os paparazzi já os perseguiam. Um dia depois, as primeiras fotos de Keira usando biquíni estampavam os jornais do Reino Unido.

E o caos não cessou quando eles voltaram ao trabalho. Tornava-se cada vez mais claro para os amigos e familiares de Jamie que, além da invasão infinita da imprensa, sua agenda ocupada também começava a sufocar o relacionamento. Keira estava claramente apaixonada por Jamie, mas sua maior paixão continuava sendo a carreira. E agora ela trabalhava o tempo todo. Com o papel de Elizabeth do clássico *Orgulho e Preconceito*, de Jane Austin, no currículo, ela assinou contrato não para uma, mas para duas sequências de *Piratas do Caribe*, ao lado da lenda de Hollywood: Johnny Depp. A imprensa revelou que Keira recebeu impressionantes 12,6 milhões de dólares para repetir o papel de Elizabeth Swann e, junto com o restante da equipe, ela ficou completamente presa no set durante o próximo ano. Sua vida profissional vinha se movimentando em uma velocidade impressionante, o que gerava um desgaste enorme em seu relacionamento a distância. Mas não seria a carreira dela que os separaria, e sim a dele.

Graças aos agentes com quem Keira havia colocado Jamie em contato, os rumores eram verdadeiros: ele estava presentes a realizar seu sonho de infância e se tornar ator. Havia conseguido seu primeiro papel em *Maria Antonieta*, de Sofia Coppola. O convite aparentemente havia surgido do nada: num momento, Jamie estava ensaiando com sua banda, Sons of Jim, em seu apartamento em Londres e, no instante seguinte, seu agente lhe contou que Sofia havia telefonado para perguntar se ele estava disponível para estrelar seu mais recente filme.

Ela aparentemente havia descoberto Jamie por meio de um amigo fotógrafo em Nova York que estava convencido de que o modelo tinha todas as credenciais para se tornar uma estrela do cinema. Impressionado com o notável convite, Jamie foi imediatamente a Paris para uma audição e, no dia seguinte, soube que tinha ganhado o papel. Ele atuaria ao lado de Kirsten Dunst, a bela atriz de *Homem-Aranha*, e faria o personagem Axel von Fersen, amante da rainha. Não era um grande papel, mas Jamie ficou extremamente feliz por seu talento finalmente ser percebido.

Apesar de se sentir profundamente agradecido pela chance de se mostrar nas telas, ele ficou desconfiado da seleção rápida e acabou convencido de que só tinha conseguido o papel porque não conseguiram encontrar ninguém melhor. "Foi a última seleção para o elenco. Acho que a pressão era grande para alguns atores, para alguns grandes nomes da lista, mas a equipe não tinha conseguido encontrar ninguém para o papel."

Embora Jamie duvidasse de si próprio, Coppola e a equipe de produção viram mais do que um rostinho bonito e acreditaram ter realmente encontrado um ator talentoso. "Ficamos muito impressionados com o teste de Jamie, ele definitivamente era um talento inexplorado", contou uma fonte envolvida com a produção ao jornal *Daily Mirror*. "Sem querer entregar o filme àqueles que não conhecem a história, Jamie faz o papel de Hans, um admirador de Maria Antonieta, e passa grande parte do filme vivendo um amor não correspondido."

Humilde e com um humor autodepreciativo, Jamie falou sobre o papel do amante ocasional de Antonieta: "Eu basicamente chego em um cavalo, dou uns amassos com ela, vou a algumas festas, tomo café da manhã e dou o fora".

É inegável que seu abdômen escultural lhe rendera o papel, mas Jamie não reclamaria, pois o personagem significava dar o primeiro passo na escada da atuação.

Enquanto isso, a namorada, Keira, compartilhava da atitude tranquila com relação ao trabalho e, em uma espécie de inversão de papéis, ela teria se mostrado um pouco preocupada com os demorados e íntimos ensaios de Jamie com a bela Kirsten. "O personagem dele, Hans, é um cortesão admirador de Maria Antonieta, e vive um amor não correspondido. Keira deixou muito claro para Jamie que, assim que as câmeras parassem de rodar, ele era todo dela! Para dizer a verdade, os atores acabam tendo de ficar muito próximos e íntimos", revelou uma fonte.

Enquanto isso, ficar próximo e íntimo de sua namorada na vida real mostrava-se cada vez mais difícil e os problemas no relacionamento começavam a aparecer. O casal sem dúvida se amava, mas havia uma pesada lista de fatores agindo contra eles. Uma viagem ao Festival de Glastonbury serve como exemplo. Keira tinha gastado três mil libras em uma Winnebago (uma espécie de área VIP de luxo) em Somerset para o que supostamente seria um ninho de amor e o casal assistiria a um show ou outro ocasionalmente. Eles esperavam passar um fim de semana romântico ao lado de amigos no lendário festival, cuja isolada área VIP funcionaria como uma espécie de esconderijo caso a presença de Keira no espaço lamacento se provasse complicada demais. A saga de dois dias pareceu começar bem... Keira foi vista por jornalistas beijando Jamie, mas parecia claramente despreocupada, chegando a dizer a um jornal: "Estou adorando tudo no festival. A chuva e as nuvens parecem estar me seguindo – passamos por temporais enormes durante as filmagens de *Piratas do Caribe*. Jamie e eu estamos instalados em uma Winnebago... Vocês não me veriam em uma barraca!".

Porém, a imprensa descobriu que Keira e Jamie estavam se misturando com o público em uma demonstração rara de abertura. E então a atmosfera divertida do festival começou a naufragar. Os fotógrafos passaram a cercá-los e começaram a surgir fotografias do casal andando de mãos dadas, com a cabeça abaixada e o rosto contorcido de estresse enquanto tentavam atravessar a arena sem causar muitos problemas no caminho. O interesse da mídia havia se tornado tão invasivo que Jamie já não queria deixar a área VIP. Infelizmente, ficava claro que levar uma vida normal sendo namorado de Keira estava fora de questão.

Ao se lembrar daquela época, Keira comentou com a revista *Vogue* em 2012: "Eu realmente não tinha vida fora do mundo da atuação e só queria sair por aí e não estar 'ligada' o tempo todo, não ser fotografada. Certa vez, fui ao Festival de Glastonbury e me vi completamente cercada por paparazzi, então acabei ficando sentada em um trailer, sem conseguir sair".

▪

Quando o casal finalmente deixou a área VIP para o aniversário de uma amiga, longe dos olhos atentos da imprensa, dois rapazes bêbados se lançaram na direção deles, decididos a atrapalhar suas vidas, acendendo lanternas contra os olhos dos dois e zombando do sotaque de Keira. "Era um evento apenas para convidados, mas, de alguma forma, dois dinamarqueses bêbados conseguiram entrar. Todos estavam se divertindo até eles chegarem e Keira e Jamie pareciam mais românticos do que nunca", recordou um dos convidados. "Por algum motivo, eles decidiram provocar Keira e pareciam desesperados por atenção. Zombaram da voz dela e foram extremamente escandalosos e irritantes. Num primeiro momento, ela deu risada e os tolerou, mas, quando eles começaram a gritar tão alto a ponto de não deixá-la falar, Keira começou a olhar torto. Depois do incidente com as lanternas e da forma grosseira como eles zombaram de sua voz, aí foi demais."

Keira e Jamie deixaram a festa e foram a um bar próximo, mas os dois homens os seguiram e, em um gesto ameaçador, sentaram-se na mesa de frente para o casal. "Ela deve ter sentido um confronto nascendo, então agarrou o braço de Jamie e saiu", recordou um amigo. "Keira aproveitou da melhor forma que pôde o resto do fim de semana, mas esses acontecimentos definitivamente atrapalharam as coisas."

Assim que retornaram a Londres, Jamie e Keira foram vistos se recuperando no refinado restaurante Nobu, onde se entregaram às guloseimas e a um tão necessário encontro romântico. "Estavam de mãos dadas sobre a mesa em uma área discreta do restaurante. Mas era impossível não perceber o ar apaixonado. Eles riam tanto que chegava a ser comovente", confessou um espectador a um jornal.

Nos bastidores, porém, nem tudo era um mar de rosas. Jamie fora abalado pela experiência recente e sua raiva contra a imprensa havia ganhado força. Keira também admitiu abertamente que não era a pessoa mais fácil de lidar, pois estava incessantemente preocupada com o lançamento de seus dois últimos filmes, *Domino: A Caçadora de Recompensas* e *Orgulho e Preconceito*. "Sou naturalmente pessimista. Não me empolgo com as coisas. Posso ser realmente mal-humorada", revelou.

A essa altura, a carreira havia devorado a vida de Keira e, muitos anos depois, ela admitiria que o tempo que passou com Jamie foi incrivelmente estressante. "Eu não queria ter sido [uma pessoa que trabalha tanto], teria sido muito mais divertido", ela confessou à *Harper's Magazine*. "Eu passava tanto tempo sendo neurótica e me torturando que cheguei à conclusão de que, se eu não fizesse isso, poderia chegar muito mais longe apenas dizendo 'que se dane!'."

Em vez disso, foi seu relacionamento que sofreu o golpe.

▪

Em agosto de 2005, Jamie e Keira finalmente se separaram. Jamie, o tradicionalista, não conseguia mais lidar com a fama e os dois começaram a discutir sobre o fato de ele precisar se esforçar demais para aceitar Keira como a figura que sustentava a casa. "Existe uma pressão enorme quando você sai com alguém como Keira. Você se sente um pouco em segundo plano e foi isso que começou a acontecer. Não era eu quem estava levando o pão para casa – e essa situação pode começar a afetar tudo", ele confessou. "O homem deve ser o alfa da relação nos assuntos dinheiro e poder, e eu claramente não estava sendo. Você sente que precisa se tornar dominante em outras áreas, e isso cria problemas. Se a pessoa ao seu lado em um relacionamento tem mais poder em termos de ocupação, ela não quer pensar 'Ah, ele deve achar desconfortável o fato de eu ganhar muito dinheiro'."

Jamie e Keira vinham discutindo quase que diariamente e finalmente decidiram seguir caminhos separados. Os amigos foram inflexíveis ao afirmar que a carreira dele também desempenhou um papel no fim do relacionamento. "Quando Jamie anunciou que queria ampliar seu repertório e tentar atuar, além de ser modelo, Keira realmente o apoiou. Embora a ideia de os dois terem a mesma profissão fosse romântica, a realidade é que eles começaram a se ver cada vez menos", explicou um amigo. "Quando ela retorna de uma filmagem, evita festas do showbiz e leva uma vida tranquila com as pessoas que ama. Mas, com Jamie tentando crescer na carreira, ele acabava não estando perto com frequência. Isso é muito desgastante e difícil para um casal suportar."

Enquanto os jornais buscavam assuntos para matérias, o agente de Jamie emitiu um comunicado confirmando o fim do relacionamento. "Keira e Jamie decidiram dar um tempo no relacionamento, mas continuam amigos e continuarão se vendo dessa forma", dizia o documento.

Era verdade que Jamie e Keira ainda eram jovens e, sendo o próximo passo natural o casamento e os filhos, também foi um caso de estar no lugar errado, na hora errada. "Todos nós precisamos de romance na vida, mas o casamento e o 'felizes para sempre' não é algo em que penso agora e certamente não será por algum tempo", ela contou a um jornal uma semana após o fim do relacionamento.

Claramente abalada, ela também descreveu o belo Jamie como seu homem ideal. "Gosto de alguém que é um pouco taciturno e com quem possa ter uma boa conversa, uma boa briga, que sempre me deixa curiosa e sempre me faz rir. E ele precisa ter sapatos bonitos." Mas Jamie estava no passado. Ela tinha pedido para ele deixar o apartamento em Maida Vale e, após devolver a chave, ele agora vivia em um apartamento perto de Notting Hill com a irmã, Jessica.

Enquanto Jamie desfrutava de um período fora dos holofotes, passando noites em casa e preparando jantares, Keira afogava as mágoas com amigos. Depois que ela foi vista mal vestida em uma balada em Londres, um amigo declarou: "Keira está na cidade com as amigas para sair para beber. E, embora ainda esteja angustiada, essa visita lhe fez muito bem".

"Sou sortuda por ter um grupo de ótimas amigas e por poder conversar com elas", declarou Keira na época à revisa *Now*. Porém, logo após o fim do relacionamento com Jamie, veio a notícia de que ela tinha um novo amor: Kaz James, da banda Bodyrockers.

A atriz havia conhecido o belo australiano em uma festa da *Vanity Fair* um pouco antes naquele ano e teria sido vista em uma série de jantares com ele desde que terminara com Jamie. "Keira realmente gosta de Kaz, eles estão apaixonados um pelo outro. Porém, ela não quer se apressar e começar um romance agora", contou uma fonte naquela época.

Um mês mais tarde, os rumores de um triângulo amoroso ganharam força quando Jamie e Kaz por pouco não se encontraram no lançamento do filme *Orgulho e Preconceito*. "Foi uma cena digna de um romance de Jane Austen", ironizou um jornal. "Ela mandou Kaz de volta para a suíte do hotel The Dorchester para esperar até a madrugada, quando ela chegaria. Um movimento inteligente, pois alguns momentos depois de Keira dar as ordens a Kaz, Jamie chegou."

Todavia, os rumores pareceram não passar de... rumores! Keira alegava não ter se encontrado com Kaz, que admitiu alguns meses mais tarde: "Nunca saímos juntos. As pessoas dizem: 'Ah, pobre Kaz', mas ela nunca teve a chance de partir meu coração".

Keira, que enquanto isso continuava filmando as duas sequências de *Piratas do Caribe*, ficou impressionada ao ouvir as histórias desse suposto novo homem em sua vida. "Eu só soube quem ele era porque fiquei obcecada com essa história e comecei a procurar as notícias na internet. Mas nunca o conheci pessoalmente. Nunca! Parece que ele me chutou agora. É o fim de relacionamento mais fácil pelo qual já passei!", ela ironizou.

Porém, Keira continuava lutando para viver sem Jamie e ambos estavam desolados com o término do namoro. Jurando serem amigos, não demorou até eles se encontrarem e a química se tornar forte demais para ser ignorada. Certo dia, passeando juntos pelo West End, os dois pareceram apaixonados enquanto andavam por um parque, antes de irem às compras. Também pararam para olhar a vitrine de uma imobiliária, procurando um novo apartamento, antes de se abraçarem no táxi enquanto retornavam ao apartamento de Keira.

Embora os amigos tratassem os reencontros como não sendo nada além de sexo, Keira admitiu que não foi nada fácil dizer adeus a Jamie. "As coisas mudam lentamente, e não se trata simplesmente de uma questão de seguir em frente", ela comentou alguns dias após o fim do relacionamento. "Uma relação, como todos sabem, é sempre complicada. Não é preto ou branco... são várias tonalidades de cinza. Então, é impossível explicar em um parágrafo o que aconteceu. É impossível explicar um relacionamento. Aos que estão lendo, eu diria: 'Tente'. Você está olhando para todo um conjunto de questões complicadas."

Um amigo do casal interpretou a breve reconciliação de outra forma: "Jamie sabe que Keira é livre. Para ser sincero, ela simplesmente telefona para ele quando quer um pouco de exercício". No entanto, claramente se tratava de algo mais do que isso. Um mês após os dois serem vistos juntos na capital, Jamie admitiu que estavam novamente juntos e que, dessa vez, ele se sentia decidido a fazer o relacionamento funcionar. "Ele não consegue aceitar que deixou uma das mulheres mais belas do mundo escapar", confessou um amigo.

"Independentemente de quanto tempo passou com alguém, você é culpado por baixar a guarda. A gente não quer dizer que ama ou admitir que está errado. As coisas nunca são tão simples quanto parecem", o próprio Jamie declarou. "Digamos que só espero que as coisas deem certo."

▪

Infelizmente, elas não deram certo. No Ano-Novo, ficou claro que as coisas não iam bem e Keira terminou a relação de uma vez por todas. "A pessoa que finalmente disse 'certo, chega, já deu' foi Keira", ele revelou, insistindo que a situação era muito mais complicada do que simplesmente ter sido "chutado". "Mas acho que foi uma combinação de fatores e, obviamente, nós dois somos muito jovens. Foi meu único relacionamento duradouro. A palavra 'casamento' me assusta, mas quem não pensa nessas coisas depois de um certo tempo? Mesmo assim, eu sou jovem demais."

Era um fim inevitável para todos aqueles que conheciam o casal pessoalmente. Sempre ambiciosa, Keira havia atormentado os pais para lhe encontrar um agente quando ela tinha apenas seis anos e fez sua primeira aparição na TV aos oito. Aos dezesseis, já havia estrelado o filme britânico *Driblando o Destino* e participado de um filme de três milhões de libras. Sua ascensão foi meteórica – diferentemente da carreira de Jamie, que, em comparação, era muito mais modesta. "Às vezes, não sei se realmente foi Keira ou se fui eu que terminei o relacionamento", ele disse. "Foi uma combinação de muitos fatores. Por conta da atenção da mídia e de tudo que a acompanha, nem sempre foi um relacionamento fácil. Era muita coisa acontecendo."

A palpável sensação de perda de Jamie – e esse pesar – também fizeram renascer os sentimentos que ele havia vivido na época da morte da mãe, quando tinha apenas 16 anos. Além de perder Keira, ele também estava dizendo adeus à mãe dela, Sharman, que havia se tornado parte de sua vida ao longo dos últimos dois anos e se tornado uma amiga próxima.

Em uma confissão incrível – e que demonstrava até onde iam seus sentimentos por Keira – Jamie declarou ter enfrentado mais dificuldades quando perdeu a namorada do que quando passou pelo luto da morte da mãe. Para o jovem modelo, a dor de terminar com Keira, sabendo que ela seguiria a vida e encontraria felicidade em outro lugar, era algo impossível de superar. "Perder Keira é um tipo muito diferente de dor", disse. "A força que conquistei ao perder minha mãe não está me ajudando a lidar com essa situação. É muito difícil sentir que você perdeu alguém. Para ser sincero, não sou tão forte no amor quanto sou enfrentando a morte. É claro que perder minha mãe foi horrível e ainda é horrível. Mas eu sabia que muitas coisas terríveis aconteceriam e, para ser sincero, aconteceram."

Jamie estava sofrendo. Era a primeira vez que experimentava um amor verdadeiro como o que sentia por Keira e era a primeira vez que provava da dor esmagadora que veio com o fim do relacionamento. Enquanto ela falava em remorso, ele parecia triste e vulnerável. "Estou enfrentando bem", disse, "mas às vezes ainda dói muito. Mas as coisas poderiam ser piores, não poderiam?"

Jamie não tinha ilusões de que a agenda de filmagens de sua bela namorada tivesse prioridade e que a família ficava em segundo plano, mas agora lhe restava a profunda frustração de ser chamado de "o ex-namorado de Keira Knightley".

Como ele fizera nos anos após a morte da mãe, agora era hora de refletir e se empenhar para alcançar o sucesso em sua mais recente busca: tornar-se ator por mérito próprio e assegurar um contrato com uma gravadora. Sua banda estava pronta para assinar um contrato com a Sony e, em uma declaração à imprensa, seu agente revelou o que o agora mundialmente famoso modelo tinha na manga: "Jamie é ator, mas também é músico. Seu foco principal é a música". Quando alguém sugeriu que o modelo até agora era conhecido como "o namorado de Keira", o porta-voz respondeu sarcasticamente: "Bem, não se pode negar isso".

Se algo bom pode ser tirado do fim daquele namoro, era o fato de Jamie ter saído com uma determinação renovada para provar que o mundo estava errado, que ele não era apenas um belo acompanhante com um abdômen bem definido. "Sei que preciso me proteger", declarou a um jornal alguns meses mais tarde. "Não se preocupe, meus escudos estão preparados. Estou pronto para a batalha!"

Capítulo 6
Voo solo

"Foi muito divertido gravar as cenas de sexo. Meu peito estava nu, mas eu estava usando calças! Kirsten precisou usar chinelos na cama enquanto segurava um lenço, foi bizarro", comentou um Jamie adorando estar solteiro. "Ela é linda. Não tivemos problemas com as cenas de sexo."

Sua primeira incursão no mundo do cinema, no papel do amante de Maria Antonieta, interpretada pela bela atriz hollywoodiana Kirsten Dunst, não poderia ter sido melhor. Ela era linda, a química entre os dois na tela era elétrica e o modelo estava extremamente feliz, pois esse papel relativamente pequeno parecia um passo gigante rumo à indústria do cinema. Além disso, a produção era impressionante e suntuosa. A equipe teve acesso sem precedentes ao impressionante Palácio de Versalhes e algumas das cenas foram filmadas em Viena; o guarda-roupa foi criado pela designer italiana Milena Canonero e os sapatos, por Manolo Blahnik, o preferido dos fashionistas. Até mesmo os pratos do filme foram feitos pela refinada confeitaria francesa Ladurée, incluindo sua marca registrada, o macarrão multicolorido.

Jamie ficou impressionado. "Eu assistia às filmagens no monitor e ao meu lado estava uma das melhores diretoras do mundo. Eu tinha que me beliscar para ter certeza de que estava acordado!", comentou. "A diretora, Sofia Coppola, mantinha tudo sob controle, e acho que ela realizou um excelente trabalho no filme", disse ao *The Sun*.

A experiência lhe rendeu uma demonstração do que a futura carreira nas telonas lhe guardava e o fez sair ansioso por mais. Embora seu agente imediatamente tivesse lhe prometido encontrar novos projetos de atuação, ficou decidido que, enquanto isso, Jamie deveria concentrar suas energias na música.

Solteiro e com a imprensa ainda o chamando de "o homem chutado por Keira" e "o ex-namorado de Keira", ele se viu ainda mais decidido a tirar a atriz da cabeça e garantir um contrato de gravação. "Na verdade, é muito frustrante. Eu já fazia isso muito antes de conhecer Keira. Atualmente, passo o tempo todo no estúdio. Acredito que algo bom sempre acontece quando a gente não tenta demais; quando você planeja as coisas, acaba se frustrando."

Enquanto isso, a reputação de Jamie de ser um playboy solteiro tinha começado a ganhar espaço e sua associação a Keira pouco a pouco desaparecia. Aqueles em seu círculo íntimo esperavam que os rumores de novos namoros, os quais pareciam segui-lo agora que ele era um dos homens mais bonitos do mundo da moda, também ajudassem um pouco na promoção do modelo que se transformava em *pop-star* – e, é claro, que ajudassem a vender discos.

As declarações sobre ele ter desejado a colega de elenco Kirsten durante as cenas ousadas de sexo chegaram à imprensa, assim como os rumores de ele estar saindo com a atriz Sienna Miller. "Jamie será uma espécie de *pin-up* adolescente quando *Maria Antonieta* for lançado", elogiou um jornalista. "Ele é lindíssimo e, como Keira o deixou, é o cara com quem todas querem estar. Sienna não é exceção. Eles saíram para jantar e ela está apaixonada."

▪

Jamie, então com 23 anos, iniciou uma amizade com a bela Sienna depois que os dois se tornaram vizinhos em Notting Hill, Londres, logo após ele terminar com Keira. Ele tinha mudado para o apartamento que passou a dividir com seu pai. O arranjo se adequava aos dois, pois Jim regularmente viajava à capital para visitar hospitais.

Sienna, por sua vez, havia recentemente deixado a casa de seu namorado Jude Law após o escândalo causado pela revelação de que ele dormira com a babá dos filhos. Tanto ela quanto Jamie precisavam de distração e, com a ajuda de amigos em comum, rapidamente se aproximaram e descobriram bastante coisa em comum. "Eles se encontram regularmente no bar Electric", divulgou um amigo. "Os dois bebem juntos e riem um pouco. Precisam disso."

Porém, Sienna não era a única a sugerir que estava em um relacionamento com Jamie. Também estampavam manchetes os rumores de um caso com a atriz hollywoodiana Lindsay Lohan. Jamie agora estava ciente de sua reputação de playboy e, embora claramente se divertisse com a atenção, logo desfez os rumores. "Conheço as garotas com as quais estou sendo associado, mas isso é basicamente tudo. Se você é visto andando com alguém, as pessoas automaticamente pensam que vocês são um casal. Obviamente esse não é o caso. Se tudo o que dizem fosse verdade, eu seria um cara muito sortudo!"

Como se para provar que estava feliz solteiro, mas pronto para seguir a vida se a garota "certa" aparecesse, ele acrescentou: "Faço o melhor espaguete do mundo. Se eu estivesse tentando impressionar uma mulher, certamente prepararia esse prato e serviria com uma garrafa de um bom vinho tinto. Mas não há ninguém especial no momento".

"Fora das telas, em geral não sou bom em seduzir", admitiu em outra entrevista ao *The Sun* sobre seu papel em *Maria Antonieta*. "Sou tímido, mas tive que me tornar Axel no filme, então usei alguns sorrisos piegas, já que estava acostumado com as câmeras. Mas não há nenhuma mulher no horizonte agora."

A verdade era que Jamie estava concentrando toda a sua energia em produzir suas músicas, em garantir um contrato para sua banda de infância, a "dupla de folk irlandês" Sons of Jim. Depois de terminar pela primeira vez com Keira, Jamie começou a promover pesadamente uma das faixas da banda – "Fairytale", que foi disponibilizada para download – e, durante uma entrevista, admitiu que ainda era apaixonado pela ex. "Claro que quero que as pessoas que amo ouçam a música, e tudo bem se uma dessas pessoas for Keira", comentou.

Na época, pessoas ligadas à indústria da música afirmaram que a banda se tornaria mais conhecida, pois a Sony Records estava interessada em um contrato. Pessoas importantes da indústria musical estariam observando nos bastidores para ver quantas cópias do single seriam vendidas no site da banda antes de entrar em ação e oferecer um contrato. Jamie e seu antigo colega de escola, David Alexander, sentiam que a dupla tinha experiência suficiente: eles vinham se apresentando há cinco anos e gravando juntos há oito. Assim, era apenas uma questão de provar a quem importasse que podiam transformar a paixão em carreira.

Era o momento ideal para isso. Jamie estava trabalhando como modelo e tinha tempo disponível, ao passo que David estudava Direito na Newcastle University, mas estava desesperado por um futuro na música. Agora era a hora de eles começarem a se apresentar mais formalmente como banda, de modo que deram início a uma turnê por bares e clubes em Londres e na Irlanda. Jamie não tinha vergonha de fazer publicidade da banda e ficava feliz em explicar de onde surgira o nome "Sons of Jim", afirmando, conforme mencionado anteriormente, que se tratava de uma homenagem aos pais dos integrantes. "Meu pai é um cara incrível", falou Jamie ao jornal *The Sun*. "Minha mãe morreu de câncer no pâncreas quando eu tinha dezesseis anos. Passou um ano e meio doente. Ele me ajudou a enfrentar a dor. É a pessoa mais forte que já conheci. E gosto da ideia de homenageá-lo através do nome da banda."

Até agora, tudo relacionado à música havia sido independente de gravadoras. Eles vinham postando os singles na página da banda no MySpace, onde interagiam diariamente com fãs em um fórum bastante movimentado. Embora no início Jamie e David tivessem "se divertido" ao gravarem faixas na Irlanda, tudo havia mudado no final de 2004, quando os jovens atraíram a atenção do lendário produtor musical Brian Higgins. Famoso por produzir canções para os grupos Girls Aloud e Sugababes, Higgins achou que os garotos realmente tinham potencial e os convidou para uma visita a seu estúdio em Kent, onde mantinha a famosa produtora Xenomania.

O estúdio era lendário. Higgins o tinha criado como uma espécie de "Motown", onde artistas, escritores, músicos e toda a indústria artística pudessem se encontrar debaixo de um único teto. As aventuras dentro dessa incubadora criativa deram a Jamie o ímpeto de que ele precisava para finalmente levar a música a sério. Aquilo era animador, intrigante e, o melhor de tudo: ele estava prestes a trabalhar com alguns dos maiores nomes do meio musical.

Higgins era famosamente reconhecido por escolher a dedo com quem trabalhava e, em uma entrevista concedida ao *The Observer* no mesmo mês em que começou a trabalhar com Jamie, ele declarou: "Se você tem uma produtora, então deve trabalhar com todos os artistas. Isso é uma regra, mas, se não nos sentimos animados com o prospecto do artista, aí o disco acaba ficando uma m****. [...] Se tivéssemos feito discos para todos que pediram ao longo dos últimos anos, eu seria apenas uma carcaça a essa altura. Haveria muito dinheiro disponível, mas a música seria terrível e a depressão certamente tomaria conta de mim". Jamie claramente foi um dos sortudos aceitos na época. Sobre isso, o modelo declarou: "Durante os últimos três meses, venho trabalhando com um grande produtor em Londres chamado Brian Higgins. Estamos no meio das gravações. É o que eu sempre quis fazer, mesmo antes de ser modelo, e, por sorte, a carreira de modelo abriu as portas para que isso se tornasse mais acessível".

Higgins imediatamente colocou os rapazes para trabalhar, e em seguida vieram as colaborações com alguns dos compositores e produtores mais famosos do mundo – por exemplo, Tim Kellett, cuja carreira de 20 anos incluía um período como tecladista do Simply Red e trabalhos com uma série de artistas como The Lighthouse Family e James Morrison.

No início de 2005, Sons of Jim foi o show de abertura da turnê de KT Tunstall pelo Reino Unido. Jamie e David começaram a sentir que havia uma chance considerável de finalmente serem contratados por uma gravadora e a experiência provou-se incrível. Os seis shows com ingressos esgotados, incluindo cidades como York e Liverpool, firmaram o desejo dos garotos de se tornarem grandes artistas, pois eles puderam experimentar como era a vida na estrada da artista escocesa cujo single "Suddenly I See" havia chegado ao Top 20. "A turnê com Katie foi muito divertida; ela é incrível. Fizemos seis shows com ela, então não foi uma turnê gigantesca", lembrou Jamie. "Vê-la fazer o que faz todas as noites foi um prazer enorme. E ela foi extremamente gentil."

Celebrado como "um dos sucessos de 2005", o álbum de estreia de KT, *Eye To The Telescope*, havia conquistado vários discos de platina e ficado no Top 10 do Reino Unido por impressionantes dois meses. Enquanto isso, o perfil do Sons of Jim lentamente melhorava, com direito a uma aparição no *The Kelly Show*, do canal de TV irlandês UTV, onde eles apresentaram a faixa "Fairytale". Os vocais roucos da dupla, acompanhados de Jamie ao violão, conquistaram aplausos entusiasmados do público presente no estúdio. Em um movimento bastante comum, a apresentadora do programa, ao apresentar a banda, mencionou que Jamie havia se separado de Keira "há alguns meses". Ficava claro que o modelo-transformado-em-músico ainda estava aceitando a separação. E ter o relacionamento esfregado na cara certamente servia apenas para piorar a dor.

▪

De fato, a infelicidade que ele sentiu durante aquele período da vida começava a transparecer em suas canções. E, quando sentou-se para escrever o novo single, "My Burning Sun", em dezembro de 2005, com o compositor Ali Thomson, os sentimentos ainda eram fortes. Chateado com os dias escuros e sombrios do inverno e com os "sentimentos latentes" de isolamento, eles queriam escrever uma faixa alegre. "'My Burning Sun' aborda a forma como uma pessoa pode chegar até você e transformar suas perspectivas, tornando sua vida mais feliz", descreveu a revista *Billboard*. Na faixa, Jamie canta: "Sentado aqui, sem ver nada, começo a vagar/Pensando no futuro, embora as nuvens estejam cinza/Um cigarro e chocolate não trazem bem algum/Deve haver a luz do dia do outro lado do céu escuro/ Você poderia fazer essa luz viver".

Embora o single só fosse ser lançado um ano depois, acabou caindo nas mãos de pessoas que poderiam tê-lo mostrado a Keira. A letra claramente refletia os sentimentos de Jamie por sua ex.

Apesar disso, a música ainda provocou agitação quando foi disponibilizada para download no site da banda em 2006, lançada pela gravadora da própria dupla, a Doorstep, cujo nome era uma homenagem ao restaurante de sanduíches preferido dos músicos em Belfast. Claramente animado com o possível sucesso da banda, Jamie explicou os acontecimentos em uma entrevista a um jornal: "A direção ouviu o demo que tínhamos feito, então Dave se formou como advogado e, durante o último ano, estamos concentrados na música. Enquanto ele fazia as provas finais, abríamos os shows de KT Tunstall. As coisas começaram a decolar e agora lançamos um single".

Além disso, a dupla começava a se apresentar em uma série de casas de shows acústicos proeminentes em Londres e as críticas começavam a surgir. "Embora o grupo admire bandas de pós-punk e ska da Inglaterra, como The Kooks, eles têm evitado esse caminho doloroso", elogiou um crítico ao ouvir a faixa. "Em vez disso, a voz confiante de Dornan sustenta um rock tradicional, algo que lembra um pouco Counting Crows. As letras, por outro lado, são mais românticas e visionárias do que, por exemplo, Arctic Monkeys."

Porém, foi em um *showcase* em maio de 2006 que uma das canções de Jamie, "Only on the Outside" foi percebida pelos críticos como uma descrição do fim do relacionamento com Keira. Assim, ficou claro para Jamie que, independentemente do quanto tentasse se distanciar, seria quase impossível afastar o interesse e a intromissão que sua ex-namorada despertava.

▪

A preparação para o show no clube Teatro de Londres de fato havia sido complicada para Jamie, pois Keira havia encontrado um novo amor alguns meses antes. Ela havia se apaixonado por Rupert Friend, colega de elenco do filme *Orgulho e Preconceito*. Enquanto ela – a brilhante atriz que ganharia 50 milhões de libras nos próximos dois anos – aparecia de braços dados com o belo Friend no Oscar, Jamie tocava para uma plateia modesta no reservado clube The Cobden, em Londres. Aquele era, é claro, mais um lembrete da discrepância entre o *status* dos dois.

Na mais recente canção, "Only on the Outside", Jamie cantava: "Vejo seus amigos refinados tentando roubar sua inocência/Você é tão fraca perto deles". Ele teria dito ao *The Mirror* posteriormente: "Para mim, é muito difícil cantar essa música. É sobre os momentos complicados de um relacionamento. Estávamos muito apaixonados". Em seguida, vieram artigos na imprensa alegando que a "canção [de Jamie] para Keira" era sobre seu coração partido.

Exasperado, ele decidiu negar publicamente os artigos. Jamie não costumava falar diretamente com os jornais; em vez disso, preferia manter sua vida o mais reservada possível. Dessa vez, contudo, queria acertar as coisas. "Considerando que Dave e eu escrevemos juntos, não consigo entender como isso poderia ser verdade. As pessoas enxergam o que querem nas letras, não posso controlar isso. A dificuldade em cantar essa música não está ligada a Keira. Eu só disse aquilo porque é muito difícil alcançar as notas altas!", declarou.

A essa altura, Jamie e David estavam no estúdio gravando as músicas para o disco de estreia sob orientação de Cliff Jones, o líder da banda pop Gay Dad, dos anos 1990. E Keira continuava no radar de Jamie. Eles se encontravam ocasionalmente como amigos, mas os jantares se tornavam cada vez mais espaçados por conta da agenda lotada da atriz e de sua incapacidade de se encontrar em locais públicos em virtude da atenção indesejada da imprensa.

A dor do fim do relacionamento também começava a desaparecer e, longe de estar emocionalmente arruinado pela separação, como a imprensa continuava insistindo em afirmar, Jamie já não se sentia apaixonado por Keira. Seu *status* de solteiro devia-se mais a ele ser "inútil" com as mulheres do que a um desespero pelo amor perdido. "Desde que terminei com ela, surgiram relatos de que estou com o coração partido. Eu pareço alguém com o coração partido? É claro que não! Estou solteiro e muito feliz. Mas isso não quer dizer que não haja tempo para romance!"

Embora Jamie não estivesse oficialmente saindo com ninguém, continuava flertando com o mundo das celebridades. Foi nessa época que ele voou para Cannes em maio de 2006 para divulgar *Maria Antonieta* com o resto da equipe e do elenco. Entre as festas regadas a champanhe e as *soirées* a bordo de iates de milhões de libras, também havia o importantíssimo lançamento do filme no festival francês.

Apesar da experiência extremamente positiva, para a surpresa de Jamie, o filme foi vaiado durante a exibição a críticos, jornalistas e cinéfilos que não gostaram do tratamento hollywoodiano dado à vida da rainha nascida na Áustria. Em uma coletiva de imprensa após a exibição, Coppola – que havia anteriormente dirigido o bem-sucedido *Encontros e Desencontros* – admitiu que também estava "decepcionada". "É melhor receber uma reação, melhor do que receber uma resposta medíocre. Espero que algumas pessoas gostem. Não é um filme para todo mundo", acrescentou.

Os envolvidos com a obra esperavam que o público mais jovem a transformasse em um sucesso no longo prazo e Jamie estava decidido a enxergar o lado positivo na situação decepcionante. Independentemente se o drama cômico seria um fracasso ou não, a obra pelo menos teria feito o modelo ser notado como ator. E ser notado era algo em que Jamie era bom.

Em paralelo com a carreira musical, Jamie havia recentemente fechado um enorme contrato como o rosto da Dior Homme. A oferta era incrível: por três dias de trabalho em Buenos Aires, ele recebeu adiantado o equivalente a um contrato de exclusividade de três anos. Embora não o lançasse na estratosfera financeira de Keira, o contrato o tornava um jovem rico. "Eles pagam adiantado, então parece que você está trabalhando muito mais do que está", admitiu.

Jamie sabia que estava em boa situação e, embora de alguma forma tivesse dado início a uma carreira na atuação sem qualquer prática formal, alguns dos principais designers do mundo digladiavam para contratá-lo – o que era algo bastante relevante, tendo em vista que a competição por grandes contratos era feroz.

O *casting,* comandado por Hedi Slimane, designer da Dior, era similar ao reality show *Model Behaviour,* de cuja seleção Jamie havia participado cinco anos antes. O formato era o seguinte: os participantes eram eliminados ao longo das fases até restarem apenas dois finalistas. Embora não tivesse chegado a participar da versão televisionada, na vida real Jamie acabou saindo com o prêmio.

Sua bela aparência havia lhe rendido o invejável contrato como rosto da campanha para os perfumes da Dior Homme e, mais uma vez, ele ficou impressionado por receber um trabalho de tamanho prestígio. "Por que eu sou o rosto da Dior Homme?", disse em uma entrevista na época. "Na Dior, eles eliminam as pessoas até restarem duas. Eu não estava focado nisso na época, sabe? Realmente não sei por que Hedi me escolheu. Não sou o cara mais bonito do mundo."

Refletindo a atitude indiferente de Jamie para com o *casting*, as fotos mostravam o belo modelo posando sem fazer esforço ao lado da loção pós-barba. Ele usava camisa branca e jaqueta preta. Era uma campanha impressa, com fotografias aparecendo em revistas, jornais, outdoors e paradas de ônibus. O rosto de Jamie começava a aparecer em todos os lugares, por todo o mundo. "Foi um *casting* eficaz, que atraiu a atenção das pessoas", explicou David Farber, diretor de estilo da revista *Men's Vogue.* "Ele claramente não era o modelo típico. Parecia mais uma pessoa 'real', não era o modelo magricela que eles encontram em qualquer esquina." Outro admirador elogiou: "Ele tem o maxilar quadrado de um senador romano".

▪

O contrato de seis dígitos também significava que ele tinha dinheiro para comprar o apartamento de dois quartos que dividia com seu pai em Notting Hill. E Keira foi substituída por um novo amor: um Mercedes-Benz conversível 1988, prateado, chamado Maisie.

Jamie estava bastante consciente de que seu sucesso se devia ao fato de ele fotografar bem e sentia-se feliz seguindo a carreira até algo melhor aparecer. E ele seguia rapidamente no caminho de se tornar um dos modelos mais bem pagos do mundo. Participar de uma campanha como a das fragrâncias Dior Homme é como um Santo Graal para qualquer modelo, pois os anúncios são expostos durante meses, o que significava que Jamie agora estava ganhando cifras bastante altas. "É algo bom por enquanto, uma ótima maneira de ganhar dinheiro e dar risada. Quem sabe o que está por vir?", disse logo após a campanha da Dior. "Atribuo muito do que aconteceu até agora à sorte, a estar no lugar certo, na hora certa."

Embora detestasse passar horas sentado usando apenas roupa íntima e sem nada para fazer, ele adorava conhecer as pessoas criativas da indústria da moda. A carreira, além disso, também era muito lucrativa, então seria uma loucura deixá-la de lado para estudar teatro, como havia originalmente planejado.

Apesar dos altos cachês e de sua excelente aparência, Jamie sabia que não era perfeito e uma de suas falhas inegáveis era o fato de ser um completo desastre na passarela. Muito embora fosse capaz de posar por horas no estúdio, ele continuava inútil nas passarelas. A Dior foi uma das primeiras empresas a descobrir seu jeito estranho de andar e, para evitar o constrangimento de todos os envolvidos, rapidamente alterou o contrato para que Jamie não precisasse aparecer na passarela na abertura dos desfiles. "Eu já fiz de tudo nesta vida, mas nunca um desfile de moda", comentou. "Era parte do meu contrato com a Dior abrir o desfile em Milão, [...] mas tiramos essa cláusula porque tenho um jeito engraçado de andar, não é legal. Não faria um terno ficar com uma aparência melhor."

■

Enquanto a carreira de modelo transcorria bem, a suposta "carreira de ator" se provava estagnada. Para começar, *Maria Antonieta* não havia se saído tão bem quanto o esperado. As opiniões iniciais foram mistas. O crítico americano Roger Ebert deu quatro de quatro estrelas ao filme, ao passo que o site *Rotten Tomatoes* apresentava 55% de resenhas positivas, descrevendo a obra com as seguintes palavras: "Imagens suntuosas e uma trilha sonora ousada distinguem esse filme da maioria dos dramas históricos; aliás, o estilo está bem acima do enredo e do desenvolvimento dos personagens na visão de Coppola".

Leah Rozen, crítica da revista *People*, escreveu duramente sobre o filme em sua coluna a respeito de Cannes 2006: "A ausência de contexto político irrita a maioria dos críticos de *Maria Antonieta*, o infeliz próximo passo de Sofia Coppola após *Encontros e Desencontros*. A biografia histórica mais parece um vídeo pop, com Kirsten Dunst como a rainha francesa do século XVIII agindo como uma adolescente querendo ser uma líder de torcida".

O filme gerou 15 milhões de dólares na América do Norte e 61 milhões ao redor do mundo, tornando-o um dos poucos fracassos da Columbia naquele ano. No Reino Unido, o longa gerou apenas 1.727.858 dólares em bilheterias. Não era a melhor notícia para Jamie, mas, sem se deixar abater pelo fracasso, seu agente havia lhe agendado uma série de testes. Infelizmente, porém, nenhum deles vingou. "Estou falando de centenas de malditos testes", declarou. "Alguns deles foram experiências realmente humilhantes. As pessoas se apegam demais à ideia de que, por que é modelo, você só pode fazer as coisas de um jeito. A gente acaba sempre lidando com isso. Você é um ator que já foi modelo, que nunca teve treino; não há muitos diretores fazendo fila para trabalhar com você."

Por enquanto, todavia, ele tinha aspirações de ser um astro do rock, o que o ajudava a manter o pensamento positivo. "É divertido ser capaz de tocar sua música e as pessoas ouvirem e responderem bem. A sensação é incrível. Acho que há uma parte de mim que quer se levantar e agir mais como Chris Martin e começar a pular no palco."

Na noite antes do show no clube de sua tia Annie em Belfast, Jamie admitiu que tentava se concentrar em uma coisa de cada vez. "Quando estou trabalhando na minha música, dedico-me plenamente a ela. E o mesmo vale para quando estou trabalhando como modelo ou ator. Agora estou ocupado com a banda, então ando totalmente dedicado a ela. Vejo as coisas como coisas distintas. São três trabalhos diferentes. Trabalho com muito afinco em todos eles para fazer dar certo quando quero expor meu trabalho. Alguém me disse que achava que eu daria uma guinada e provavelmente acreditei demais. Mas, daí em diante, parei de me preocupar com tudo."

Porém, Jamie tinha muito com que se preocupar. Mas, dessa vez, o assunto não era Keira, e sim seu adorado pai. Nos bastidores, o mundo mais uma vez virava de ponta-cabeça.

Capítulo 7
A doença ataca novamente

O pai de Jamie também teve câncer e aquele foi um golpe devastador para a família, atingindo fortemente os três filhos. Jim não parecia doente, mas a verdade é que, de fato, estava muito enfermo. Para todos aqueles que o conheciam, isso parecia impossível. Como um homem tão forte e tão cheio de energia – e com apenas 57 anos de idade – poderia ser atingido pela mesma doença que havia levado sua esposa apenas cinco anos antes?

O professor Dornan havia se mostrado um homem extremamente forte ao guiar os filhos durante os anos difíceis da infância e agora era cruel e inconcebível que alguém tão presente na vida deles tivesse de encarar sua própria mortalidade. Afinal, Jim era o mais bem-sucedido obstetra da Irlanda do Norte, dirigia um carro esporte, estava feliz no segundo casamento, ia à academia duas vezes por semana e jogava golfe. "O professor Jim Dornan, famoso obstetra e ginecologista, com um entusiasmo insaciável pela vida", escreveu um jornalista ao fazer uma introdução do famoso médico acompanhando uma entrevista sobre sua incrível carreira de quarenta anos na medicina, durante os quais ele fez o parto de seis mil bebês.

Desde a morte de sua primeira esposa, Lorna, vítima de um câncer no pâncreas quando Jamie tinha apenas 16 anos, não restava dúvida de que os Dornan, como família, tentavam aproveitar cada momento. Apesar da adolescência problemática, Jamie havia encontrado forças para seguir adiante com a vida, mantendo-se decidido a agarrar quaisquer boas oportunidades que surgissem em seu caminho – uma atitude positiva que inegavelmente era um exemplo do pai.

Porém, a vida se transformou outra vez – e de forma bastante abrupta – quando Jamie estava em um momento bastante vulnerável. Jim deu a notícia da doença quando seu filho passava por um processo de aceitação da vida sem Keira. "Meu pai é um dos mais importantes obstetras da Irlanda do Norte. E está com leucemia há algum tempo", admitiu Jamie em 2006, na esteira de se tornar novamente solteiro.

De forma um tanto incomum, o professor Dornan descobriu ele mesmo o câncer. Fez o autodiagnóstico enquanto estava no luxuoso apartamento em Londres, do qual era dono com Jamie, durante uma viagem de negócios à capital. Jim viajava regularmente a Londres para encontrar colegas do Royal College of Midwives e do Royal College of Obstetricians and Gynaecologists, do qual era vice-presidente na época. O instituto Marylebone ficava a uma curta caminhada do apartamento e, certa noite, ele percebeu quão extremamente exausto se sentiu após percorrer o caminho.

Quando entrou no apartamento e percebeu que Jamie tinha saído para passar a noite com alguns amigos, Jim encontrou uma rara oportunidade de ficar sozinho e começou a pensar. E esses pensamentos trouxeram resultados devastadores: "Sempre pensei que qualquer coisa pode acontecer com qualquer um. Mesmo assim, foi um choque para alguns amigos o fato de eu mesmo ter feito o diagnóstico. Na ocasião, eu estava em Londres, no Royal College. Jamie e eu tínhamos um apartamento e ele saiu naquela noite. Eu me senti muito cansado depois de sair do instituto, realmente exausto".

Na realidade, ele sabia que algo não estava certo já havia algum tempo; primeiro, ao se olhar no espelho, via o reflexo de um homem claramente anêmico. Os sinais de anemia – condição causada por baixos níveis de ferro no sangue – incluem palidez e falta de ar ou cansaço por conta dos baixos níveis de oxigênio.

Todos os principais sintomas estavam ali. Todavia, nada no estilo de vida de Jim os justificariam. Ele se alimentava bem – inclusive, admitia que era um cozinheiro de mão cheia, assim como o filho Jamie –, exercitava-se moderadamente e não tinha sangramentos. Mesmo assim, sentia-se extremamente cansado. Até então, havia atribuído esse cansaço ao excesso de trabalho e ao estresse. Afinal, estava próximo de se aposentar e levava uma vida agitada dentro e fora do trabalho – uma vida que não dava sinais de diminuir o ritmo. "Antes do meu diagnóstico, eu me sentia completamente exausto. Mas eu usava o velho e infalível retrospectoscópio e vinha sofrendo sem deixar nada de lado. Pressão e estresse. Com que frequência você ouve essas palavras?", comentou.

Porém, quando finalmente parou para pensar, percebeu que tanto a anemia quanto a fadiga também eram sinais de câncer. Teve certeza de que estava sofrendo com algum tipo de leucemia, já que podia riscar da lista as causas mais comuns e menos sérias de problemas no sangue.

Jim prometeu fazer um hemograma assim que retornasse a Belfast, no dia seguinte. As 24 horas após sua chegada à Irlanda do Norte foram tomadas por uma bateria de exames e muita angústia para o obstetra. Ainda pior: os resultados confirmaram exatamente o que ele esperava. "Durante 24 horas eu soube, e depois recebi a confirmação", disse.

Ouvir essas palavras pela primeira vez, sentado do outro lado da mesa, de frente para um médico, foi muito assustador para aquele homem. "As palavras 'câncer' e 'leucemia' não eram novidade em minha vida, mas, quando as ouvi sendo direcionadas para mim pela primeira vez... Tenho que admitir que, quando elas batem na sua porta da frente, não dá para correr para a porta dos fundos", contou o professor Dornan quase uma década mais tarde. "Foi terrivelmente assustador."

Tendo trazido bebês ao mundo por mais de 30 anos, Jim estava acostumado a viver emoções extremas – das maravilhas de ver crianças saudáveis à devastação de natimortos –, mas nada poderia tê-lo preparado para receber a notícia de sua doença e encarar sua própria mortalidade.

Ele também tinha visto sua amada esposa e seu querido pai morrerem dessa triste doença e agora era sua vez de se sentar na cadeira do paciente. E sabia melhor do que ninguém qual poderia ser o resultado. Jamie também sabia. E, para ele, pensar em perder a mãe e o pai para essa doença sem dúvida era assustador. "Meu trabalho como obstetra me levou às alegrias associadas ao imenso prazer de um resultado positivo, mas também, às vezes, a uma sensação de total tristeza associada ao resultado trágico de um nascimento. Profissionalmente, porém, poucas vezes lidei com o câncer. Quando eu tinha 34 anos, meu pai, um homem maravilhoso, morreu de câncer aos 62 anos. E, quando eu tinha 50 anos, minha esposa maravilhosa foi vítima da mesma doença", ele disse.

Como acontece com qualquer paciente, o professor Dornan teve de seguir o protocolo de praxe para chegar ao diagnóstico correto, com hemogramas e biópsia da medula óssea para determinar a causa exata da doença. Os exames iniciais provaram que, de fato, era um caso de leucemia, ou seja, câncer nas células da medula óssea. As chamadas células brancas do sangue, que vivem nos ossos, não se formam e multiplicam normalmente. Além do cansaço e da anemia, os sintomas incluem sangramentos e hematomas, causando um risco maior de infecção.

O autodiagnóstico de Jim estava certo e ele se viu entrar para as estatísticas das 2.750 pessoas diagnosticadas anualmente com a doença no Reino Unido. Se isso já não fosse o suficiente, recebeu a notícia de que se tratava de uma forma agressiva de câncer, ou seja, talvez uma doença impossível de ser tratada.

Ele, então, começou a se preparar para o fato de que poderia morrer dentro de alguns meses. "Fui ao hospital pensando que talvez pudesse morrer dentro de alguns meses. Fui internado pensando que talvez não saísse do hospital", contou. "Num primeiro momento, eles exageraram no diagnóstico e pensaram que eu tinha um tipo mais sério de leucemia do que o que efetivamente tinha."

Todavia, no dia seguinte, e graças a mais exames, foi descoberto que o câncer, mesmo sendo incurável, poderia ser pelo menos controlado. "Era leucemia linfoide crônica (LLC)", ele explicou. "E fazia sentido; afinal, eu me alimentava bem e não estava perdendo células vermelhas. [...] Simples assim. Depois de algumas lágrimas, o diagnóstico foi confirmado."

A LLC é diferente dos outros tipos de leucemia, pois pode se desenvolver muito lentamente e os pacientes podem só apresentar os sintomas depois de meses ou anos. "Em 24 horas, o médico disse: 'Ei, não é a leucemia que pensávamos. Fizemos alguns exames e trata-se da chamada LLC, que pode matar, mas também pode passar anos em silêncio'." De fato, era um prognóstico melhor do que eles haviam pensado, mas Jamie e suas irmãs receberam a terrível notícia de que não havia cura para a doença.

Para piorar as coisas, o pai de Samina, madrasta de Jamie, também foi diagnosticado com leucemia na mesma época. Porém, diferentemente do que aconteceu com Jim, não havia tratamento para a doença dele, que posteriormente faleceu. "Infelizmente, na mesma época em que fui diagnosticado com leucemia, o pai de Samina também teve a doença, mas com um resultado mais infeliz", ele contou posteriormente. "Muito infelizmente, a doença o matou. [...] Era um homem muito bondoso, muito honesto, muito correto."

▪

Foi um momento muito estressante para toda a família, mas, como médico, Jim sabia qual seria a forma positiva e a forma negativa de lidar com a situação. Em vez de se lamentar com medo e pena de si próprio, preocupado com os caminhos à frente parecerem nada fáceis, ele decidiu que o próximo passo seria manter uma relação próxima com a equipe médica envolvida no tratamento. "Para resumir a história, recebi um tratamento muito apropriado e formei uma 'relação de amor' com meu oncologista! É assim que se faz!!!", brincou.

O dr. Robert Cuthbert, hematologista no Belfast City Hospital e que se provou particularmente crucial na definição do tratamento correto, foi um dos médicos com quem Jim formou uma relação próxima. Os dois médicos, juntamente com uma equipe de oncologistas, prepararam um plano de tratamento que claramente ajudou a tornar o processo bem mais suportável. Os dois começaram a discutir quais terapias haviam disponíveis e Jim insistiu que queria tentar medicamentos que, em geral, não eram prescritos no hospital de Belfast.

Ele estava decidido a controlar o câncer e continuar sendo médico, marido e pai dedicado pelos anos que estavam por vir. "Então eu me dei conta e meu médico disse: 'Não se preocupe, vou lhe prescrever aqueles comprimidos'. E eram aqueles remédios que prescrevíamos quando eu era estudante, e eu disse: 'Não, você vai ter que encontrar algo melhor do que isso'", contou o professor Dornan alguns anos mais tarde. "Então ele saiu, deu um telefonema, voltou e disse: 'Está bem. Faremos isso, isso e isso'."

Transfusões de sangue vieram em seguida, além de alguns tratamentos intensos com base em anticorpos. Embora a República da Irlanda venha tratando pacientes de leucemia com a revolucionária terapia há alguns anos, na época (em 2005), o Serviço Nacional de Saúde não prescrevia essa terapia porque ela não tinha sido aprovada pelo órgão regulador, o National Institute for Health and Care Excellence (NICE). Frustrado com o fato de essa opção não estar disponível, Jim insistiu em usá-la mesmo assim, como uma forma de abrir caminhos para futuros pacientes de LLC. "É realmente frustrante que somente no ano passado o NICE tenha voltado atrás e concordado que esse é o tratamento que as pessoas com esse tipo de leucemia deveriam receber", comentou. "Na época, fui a primeira pessoa na Irlanda do Norte a recebê-lo. Eu não era uma cobaia; na República da Irlanda todos estão recebendo esse tratamento, mas a forma como o Serviço de Saúde Britânico funciona é perguntando primeiro 'o NICE aprova?' e depois 'podemos arcar com os custos?' antes de realmente disponibilizarem uma terapia. Então, tenho um problema com o NICE porque não acho que eles devam tomar essas decisões."

Para alívio de Jamie, Jim imediatamente deu início ao novo tratamento usando anticorpos monoclonais. A terapia usa versões artificiais de proteínas do sistema imunológico (também conhecidas como anticorpos) que se ligam às células cancerígenas e as destroem. A medicação injetada é efetivamente um segundo sistema imunológico designado especificamente para atacar a leucemia. Conforme as semanas se transformavam em meses, pouco a pouco o tratamento vitalício mantinha sob controle o câncer do professor Dornan.

▪

O pai de Jamie estava melhorando, mas o câncer poderia voltar a qualquer momento. Ele vinha recebendo o tratamento adequado, mas reconhecia que ficou aterrorizado após ser diagnosticado com a doença, principalmente porque os médicos que o tratavam em Belfast não acreditavam que ele viveria muitos anos. "Durante um dos meus primeiros ciclos de tratamento, perguntei a um dos oncologistas mais novos: 'Você acha que chegarei aos 80 anos?'. Para dizer a verdade, eu esperava que ele dissesse: 'Ah, nossa! Nenhum de nós sabe quanto tempo teremos de vida e coisas novas acontecem todos os dias. Eu me lembro de um homem...'. Em vez disso, ele simplesmente olhou para mim, depois olhou para o chão e não disse nada. Enquanto ele abaixava a cabeça, meu coração se retorcia."

Por mais difícil que fosse a situação, a família Dornan tinha de seguir em frente, funcionar da forma mais normal possível em meio às complicadas circunstâncias. Jamie continuou visitando o pai na luxuosa casa em Cultra, County Down, onde Jim vivia com Samina então há quatro anos.

Nada foi deixado de lado. Entre sua carreira na medicina e sua agitada vida social, a madrasta de Jamie seguiu com uma reforma na casa da família, enquanto o professor Dornan continuava focado em seu trabalho. Fazer partos todas as semanas de fato o ajudava a se lembrar das maravilhas da vida. E estar imerso em um ambiente que o lembrava tanto o valor da vida o ajudava a esquecer seus próprios problemas.

Todavia, ele agora admite que sentiu muito medo de morrer e de encarar um futuro incerto até seu trabalho o levar ao estado árabe de Omã, onde, alguns meses depois, acompanhou médicos pós-graduados. Por sorte, finalmente encontrou um especialista que o deixou mais tranquilo. "Conheci um hematologista e oncologista iraquiano fantástico que havia sido expulso de Birmingham por seus vizinhos racistas. Ele era, e é, um homem muito gentil. Tomei um café com ele e o assunto de meu câncer surgiu. Fiquei animado com sua positividade.

Tanto que me senti suficientemente forte para lhe fazer a mesma pergunta", explicou Jim.

Diferentemente do jovem médico em Belfast, o especialista iraquiano acreditava que, graças às maravilhas da medicina moderna, havia muitas chances de Jim viver décadas ainda. "A resposta dele? 'Não sei se você vai ou não chegar aos 80 anos, mas duvido que será a LLC que vai matá-lo'. Que excelente resposta!", recordou. "É claro que não tenho nenhuma certeza de que vou viver até os 80 anos, mas tenho certeza de que posso torcer para viver até os oitenta."

Com uma positividade renovada, o professor Dornan voltou para casa, em Belfast, decidido a não deixar o câncer atrapalhar nem sua vida, nem a vida de sua esposa e de seus filhos. Conforme os meses se transformavam em anos, o médico iraquiano se provou estar certo, e Jim descobriu que podia continuar levando uma vida normal, com a leucemia sob controle.

Os jantares de domingo em família – momento favorito dos Dornan –, as partidas de golfe nos fins de semana e as adoradas férias na África do Sul com um grupo de velhos amigos, tudo isso voltou a fazer parte da vida. Aliás, esse país espetacular tornou-se um dos preferidos de Jim depois que seu trabalho o levou a hospitais e conferências na Cidade do Cabo. E ele gosta de retornar anualmente lá com os colegas para períodos catárticos longe da realidade cotidiana.

Seu entusiasmo pela vida de fato era contagioso e Jamie, dividindo com ele a esperança de um futuro enquanto permanecia estoicamente filosófico, mergulhou de cabeça na carreira musical. "Meu pai recebeu o diagnóstico há um ano. É uma daquelas surpresas... Ele está bem e viajando pela África do Sul com os amigos. Está melhorando. Acho que tudo isso aconteceu antes de eu ter 23 anos para o caminho à minha frente ser mais suave."

Felizmente, para o jovem e ambicioso Jamie, os anos que estavam por vir de fato seriam tomados por diversão e sorte e seu pai continuaria torcendo por ele.

Jim admitiu que nada poderia contê-lo, então deixou o trabalho no Sistema Nacional de Saúde para seguir para a prática particular, apesar de estar próximo da aposentadoria. "Tenho uma mente muito fértil. Sempre me surgem algumas ideias e gosto de desenvolvê-las", ele explicou em 2013. Ao falar do câncer, acrescentou: "Agora estou bem. Fiz um *check-up* outro dia, mas, quando você está diante da sua mortalidade, acaba acordando para muitas coisas".

Nove anos após descobrir o câncer, o professor Dornan encontra-se "bem" e, na época em que este livro estava sendo escrito, em 2014, continuava forte. "Estou melhorando, mas prefiro pensar que estou 'curado'", disse. "Se a doença voltar, enfrentaremos como uma segunda questão. Eu queria que os oncologistas percebessem que frequentemente pensamos assim."

Todavia, Jim continuava consciente de que sua sorte poderia mudar a qualquer momento. "Acredito que eu esteja em paz comigo mesmo e também me preparando para o fato de o fim poder chegar a qualquer momento. Acho que é isso que você aprende quando passa por uma experiência de quase morte. Então, estou muito consciente disso agora. Não estou queimando a vela dos dois lados, embora alguns amigos achem que eu esteja. Sou um homem determinado e ainda quero mudar o mundo. Levo isso com a consciência de que uma má notícia ainda pode chegar. Mas talvez não chegue."

Em 2005, com o tratamento do câncer a pleno vapor, a família seguia a vida. "Jamie é uma das pessoas mais gentis que conheço", falou Jim orgulhoso pouco antes de saber que seu filho estava prestes a assinar um contrato com uma gravadora. "Ele está seguindo a carreira e se divertindo. Fico extremamente orgulhoso."

Com o apoio do pai, agora era hora de perseguir as ambições na lista de afazeres. Jamie tinha uma carreira musical para conquistar e uma carreira de modelo para desfrutar. E agora, mais do que nunca, estava decidido que nada podia evitar que ele se transformasse em um ator mundialmente famoso. Notavelmente, e graças às maravilhas da medicina moderna, o homem mais importante de sua vida estaria a seu lado em todos os passos, celebrando seus sucessos e ajudando-o a levantar após cada queda.

Capítulo 8
O Torso de Ouro

Jamie agora era rico, famoso e queridinho da indústria da moda. Dizia-se que cobrava somas de seis números por seus contratos e era chamado de "Kate Moss de calças". Todos o disputavam.

E ele logo reconheceu, na época, que os gays (desde fotógrafos como Carter Smith até designers como Hedi Slimane, da Dior) tiveram um grande papel em acelerar sua carreira. Ele se ajustava bem aos interesses dos homens e das mulheres, de dentro e de fora da indústria, que a carreira colocava em seu caminho.

O designer de moda Matthew Williamson, um dos muitos que abertamente babavam pelo belo modelo, confessou a uma revista: "Minha paixão secreta é Jamie Dornan. Mas ele sabe, então não é tão secreta assim". Enquanto alguns homens heterossexuais talvez se sentissem desconfortáveis com a veneração do público homossexual, Jamie a adorava. "Eu amo a atenção", contou à revista *Out*, voltada ao público gay, em 2006. "Realmente não me importa de onde ela venha." E acrescentou: "Acho difícil acreditar que as pessoas realmente se interessem por mim. Acho que o charme irlandês tem um papel nisso".

Seria justo dizer que, embora a maioria daqueles que desejam ser estrelas do mundo pop tenha de se esforçar muito para ganhar o pão de cada dia enquanto tenta uma carreira no mundo musical, a falta de dinheiro não era um problema para Jamie. Ele certamente não era um músico passando necessidades, tendo em vista que, em 2006, conseguiu outra injeção de capital graças aos novos e lucrativos contratos para modelar para gigantes do mundo da moda como H&M e Gap.

Com seu olhar taciturno agora transformado em arte, Jamie apareceu na campanha impressa da H&M usando calça cáqui e pousando ao lado de mulheres loiras em uma praia para a coleção primavera/verão 2006.

A situação de sua conta bancária ficou ainda melhor quando a Gap o convidou para ser um dos rostos da linha "Age Wash Denim". Tratava-se de mais uma oportunidade de se misturar com a elite do mundo fashion, pois ele trabalharia com a prestigiada dupla de fotógrafos holandeses Inez van Lamsweerde e Vinoodh Matadin, que havia sido contratada pela marca para registrar uma coleção de fotografias artísticas para a campanha da Gap. A dupla, cujo sucesso comercial estava ligado a anúncios exuberantes para uma série de marcas do mundo fashion (incluindo Yves Saint Laurent, Givenchy e Jean Paul Gaultier), encontrou o modelo no Pier 59 Studios, em Nova York, junto com uma equipe composta pelos principais estilistas.

Jamie estava à vontade; embora não tivesse se preparado para as horas posando para a câmera, adorou os personagens interessantes que conheceu no trabalho. Ele agora podia chamar Nova York de sua segunda casa – e o trabalho não ficava longe de seu apartamento. Com apenas 24 anos de idade, Jamie tinha a própria casa tanto na Big Apple quanto em Londres – o maior testamento de seu etilo de vida *jet-set* e de seu sucesso como modelo.

E não era apenas a indústria da moda que o celebrava. Para sua surpresa, a imprensa inglesa também mantinha interesse em sua vida pessoal e profissional, apesar dos laços rompidos com Keira. "Encontre um momento para admirar Jamie Dornan, o modelo de Belfast, na campanha da Dior e nos novos anúncios da Gap e H&M", elogiou um jornalista em um especial de moda sobre Dornan no *Sunday Times*. "O belo taciturno namorou Keira, mas agora o pobrezinho está solteiro e com o coração partido – o que faz despertar fantasias de como animá-lo."

Não que Jamie precisasse se animar. Nessa ocasião, ele desfrutava de um dos maiores contratos de sua vida: estrelar, ao lado de Kate Moss, a nova campanha de revistas e outdoors da Calvin Klein.

O modelo havia pousado para a grife em 2004 e eles agora queriam outra vez o charme irlandês estampando suas campanhas. Kate havia recebido 500 mil libras para ser contratada pelos designers que a haviam transformado em superestrela em 1992. O movimento de voltar a contratá-la, todavia, foi um gesto extremamente polêmico na época, uma vez que ela estava enfrentando acusações por suposto abuso de cocaína. Kate havia sido vista no ano anterior inalando um pó branco em um estúdio de gravação com seu então namorado, o cantor Pete Doherty. As fotos nos jornais levaram uma série de gigantes da moda, incluindo Burberry, Chanel e H&M, a cancelarem seus contratos com a estrela.

Quando surgiu a notícia de que a Calvin Klein havia assinado com Jamie e Kate para serem os rostos da nova coleção de jeans, a supermodelo e mãe esperava o julgamento para descobrir se o Crown Prosecution Service tinha evidências suficientes para acusá-la por abuso de drogas. Porém, o diretor criativo da campanha da Calvin Klein, Fabien Baron, mostrou-se inflexível ao afirmar que eles haviam feito a escolha certa para a campanha. "Kate e Calvin Klein têm uma longa história juntas e parecia natural reuni-las para essa campanha de jeans", afirmou em uma declaração. Por fim, Kate Moss não foi condenada e sua carreira multimilionária como modelo voltou aos trilhos.

▪

A sessão de fotos foi incrível e, apesar do tamanho da campanha em termos de coberturas e dos valores extraordinários pagos tanto a Jamie quanto a Kate, foram necessários apenas dois dias de trabalho. Trabalhando com Kate, ele pôde muito bem ver como era a vida de uma das maiores supermodelos do mundo. Nas fotos em preto e branco, o casal apareceu em uma série de poses sensuais, sem camisa e de calça preta.

Muitos mantinham colegas como melhores amigos – e até mesmo amantes – após trabalharem juntos, mas Jamie rapidamente admitiu que, apesar de aparecer com Kate Moss pelos outdoors ao redor do mundo, eles passaram apenas algumas horas juntos.

Mesmo assim, a experiência foi inesquecível para ele; além de trabalhar ao lado de Kate, Jamie teve a oportunidade de estar associado a alguns dos mais bem respeitados fotógrafos do mundo da moda, Mert Alas e Marcus Piggott. Conhecidos como "Mert & Marcus", os dois se tornaram famosos por fazerem imagens de mulheres sofisticadas e poderosas – incluindo Madonna, Jennifer Lopez, Victoria Beckham e Lady Gaga –, além de terem seus trabalhos estampando importantes revistas e editoriais de moda. "A diferença entre nós e os demais fotógrafos é que nos importamos muito com a aparência", explicou Alas. "Passamos a maior parte do tempo nas salas de maquiagem e cabelos."

E esse trabalho definitivamente não foi uma exceção. Jamie foi realmente embelezado para a sessão de fotos no Jack Studios, em Nova York. "Além do cabelo e da maquiagem de sempre, eu lembro que, nos anúncios da Calvin Klein, eles passavam umas coisas oleosas e escuras no meu corpo para me dar um pouco de cor. Sério, eu sou branco feito um irlandês e isso era um problema."

Uma vez no estúdio, Kate mostrou-se gentil e os dois se deram muito bem. Barreiras tiveram de ser quebradas imediatamente: Kate teve de envolver a cintura de Jamie com as pernas e pressionar o torso contra as costas do modelo para as imagens mais eróticas. "Ela foi uma pessoa realmente adorável... Muito gentil e mais tímida do que se poderia imaginar", contou Jamie. "Mas trabalhar com alguém que é um ícone dessa carreira sempre dá um frio na barriga."

Embora Jamie normalmente não se sentisse intimidado ao trabalhar ao lado de um grande nome, era impossível ignorar o fato de que agora ele estava em um patamar completamente diferente. Mesmo assim, não se via em pé de igualdade com a famosa modelo. "Kate Moss é uma modelo e uma pessoa incrível. Até mesmo ver seu trabalho é incrível. Venho fazendo isso há sete anos; ela, há dezoito. E continua no topo", elogiou Jamie alguns anos mais tarde. "É um bom elogio, mas acredito que não estejamos à mesma altura", comentou sobre seu apelido de "Kate Moss de calças".

A campanha foi um sucesso imediato da grife e, uma vez oficialmente lançada, fez mais do que apenas vender roupas. Jamie se viu no centro de uma polêmica religiosa quando a campanha chegou aos Estados Unidos. Um enorme outdoor exibindo Kate sem camisa agarrando o peito nu de Jamie foi colocado ao lado de uma mesquita. Os islâmicos devotos teriam ficado irritadíssimos com a imagem, que aparecia diante deles toda vez que entravam ou saíam do templo. E a imprensa explorou o assunto. "É apenas uma questão de tempo até uma ação ser tomada. Alguém vai encontrar uma forma de retirar aquilo", um vizinho nada contente falou a um jornal. "Anúncio da Calvin Klein com Jamie e Kate irrita centenas de islâmicos", gritava outra manchete. E o site animalnewyork.com declarou: "Estamos curiosos por saber como ficará uma burca pintada às pressas na cabeça da jovem usuária de cocaína".

Kate e seu namorado, Pete Doherty, estavam acostumados às polêmicas desde o início de seu relacionamento, um ano antes, e Jamie logo foi inserido nos rumores envolvendo o casal. As más línguas começavam a dizer que ela havia deixado o astro da música para ficar com o modelo irlandês. Jamie foi claro: não houvera nenhuma química entre os dois. E também ressaltou que havia passado menos de uma semana ao lado de Kate. E apenas trabalhando. Eles certamente nunca tiveram "uma série de encontros secretos". "Não sou *cool* o suficiente para Kate", falou ao jornal *Sunday Mirror.* "Eu a encontrei algumas vezes e ela é realmente gentil, mas acredito que eu não seja *rock star* o bastante."

Embora Jamie considerasse os rumores ridículos, seus amigos não achavam que o romance secreto fosse impossível – aliás, eles pediam para que ele contasse detalhes. "Meus amigos me ligaram perguntando por que eu não contei que estava saindo com Kate Moss!", comentou, incrédulo. "E eu disse: 'Não estou saindo com ela! Trabalhei com Kate durante metade de um dia, foi só isso'. Eu não me envolvo em romances no trabalho. É o mais constrangedor da situação. Nunca faço isso."

▪

Enquanto Jamie continuava totalmente solteiro, os negócios iam bem – muito embora fosse a carreira de modelo que o sustentasse, ao passo que na música estava seu coração. "É uma carreira interessante por enquanto, uma boa forma de ganhar dinheiro e dar risada", declarou logo após o lançamento da campanha da Calvin Klein. "Quem sabe o que está por vir? Atribuo muito do que aconteceu até agora à sorte, a estar no lugar certo, na hora certa."

Porém, o que lhe rendia contratos estava além de apenas um rostinho bonito. Jamie também tinha um número de fãs cada vez maior. Seu corpo quase nu adornava ônibus, revistas e paredes de banheiros femininos pelo mundo. Sites e páginas inteiros na internet falavam sobre o "Torso de Ouro", conforme ele foi chamado pelo *The New York Times* em um artigo que abordava seu papel em *Maria Antonieta*.

Jamie também foi mencionado em um livro intitulado *Supermodels: 21st Century Lives*, no qual aparece listado ao lado de nomes como Twiggy, Kate Moss, Erin O'Connor e o primeiro supermodelo masculino de todos os tempos, Marcus Schenkenberg, que chegou ao auge da fama no início da década de 1990. "Um belo rapaz, Jamie é atlético e gosta de manter a forma jogando rúgbi. E não tem apenas boa aparência, mas também todo o charme irlandês", elogiava-o.

"Eu me pergunto por que tudo isso aconteceu comigo", falou Jamie na época. "Não me vejo como um cara particularmente bonito. Jamais poderia ter imaginado algo desse tipo." Mas o público não poderia ter se mostrado mais interessado no modelo e em seu abdômen sarado – característica que, conforme ele mesmo disse, era algo raro para um modelo masculino. "Não dá para levar essa indústria a sério, especialmente se você é homem", declarou. "Definitivamente é uma indústria para as mulheres. Tudo parece muito estranho para mim."

De fato, os seguidores dedicados de Dornan pareciam tão interessados em babar pelas fotos quanto em descobrir os detalhes de sua vida cotidiana. "Minha rotina diária é composta por um banho de dez minutos, uma xícara de café e já estou pronto. Uso o xampu Aveda Brilliant e sabonete Dove no banho", contou Jamie ao *Evening Standard*. Como evidência de sua simplicidade, ele também revelou ao jornal que não conseguia sair de casa sem seu iPod e que mantinha a forma "andando muito. Tento ir andando a todos os lugares de Londres e Nova York e jogo Frisbee no parque".

Deve ter sido extraordinário para os amigos e familiares de Jamie o fato de o discreto rapaz ter se tornado uma figura capaz de gerar fascinação pública. Alguns de seus colegas de escola não conseguiam acreditar em quão enorme era sua fama e regularmente enviavam mensagens de texto ou telefonavam para contar que o tinham visto em várias poses sensuais em revistas, outdoors ou no ponto de ônibus.

Durante uma entrevista concedida a um jornal britânico, o modelo interrompeu a conversa com um jornalista para atender ao telefonema de um colega que tinha ficado impressionado após ver pôsteres dele posando para a campanha de jeans da Calvin Klein. Tudo aquilo servia para manter o modelo milionário com os pés no chão. "Eu só dava risada", contou Jamie. "Essa reação é positiva, preciso disso. Algumas pessoas realmente querem tudo isso", falou sobre a carreira de modelo.

Sua família continuava em choque e impressionada. Para o pai de Jamie, ver o processo contínuo do filho e as aparições surpresa na imprensa e em outdoors deve ter sido uma distração agradável de seus próprios problemas e do diagnóstico do câncer. "Acho que eles se sentem orgulhosos, pelo menos espero que se sintam. Acredito que se divertem com minha carreira de modelo, como eu mesmo me divirto, por ela ter acontecido e ter continuado a acontecer por algum tempo", falou Jamie sobre a reação do pai e da madrasta a seu sucesso recente. "Acho que estão felizes. Nenhum filho dos amigos deles faz isso, então, falar sobre o assunto deve ser estranho. É uma novidade completa nas festas e nos jantares."

Também era reconfortante ver que Jamie não havia mudado. Não que ele não acreditasse mais na sorte, mas havia, em segredo, um lado seu que não queria estar ali. Se conseguisse encontrar mais um trabalho como ator, essa oportunidade certamente abriria as portas para todo um mundo inexplorado fora da carreira de modelo. Essa, todavia, era uma área de sua vida que parecia próxima de um desastre. Jamie era o primeiro a admitir que sua boa aparência e músculos malhados haviam lhe rendido o papel em *Maria Antonieta*; seu desafio era fazer os diretores o levarem a sério como ator e não apenas como um cara bonito.

E isso se mostrava extremamente complicado. Entre um contrato e outro para trabalhar como modelo, Jamie acabava sendo empurrado por seu agente para testes para papéis em filmes e na TV, mas raramente passava da primeira seleção. "Participei de centenas de seleções. Literalmente. Passei anos frequentando testes para tentar alguns papéis. E nunca me dava bem. Sou péssimo nesses testes. Sei que existem pessoas que conseguem entrar na sala e declamar as linhas escritas e são imediatamente contratadas para o trabalho. Eu não era uma delas. Nunca fui e continuo não sendo", comentou alguns anos mais tarde.

Após o papel em *Maria Antonieta*, o agente de Jamie o mandou para Los Angeles durante uma temporada de pilotos – período entre janeiro e abril, quando os estúdios de TV fazem seleções, produzem e testam novos programas. A competição é acirrada e o trabalho é feroz, pois é quando diversos aspirantes a ator tentam dar o primeiro passo rumo à indústria cinematográfica. "É uma das coisas mais desumanas pelas quais se pode passar, pelo menos no mundo do entretenimento", comentou o modelo.

Pelo menos os diretores e produtores de Hollywood eram educados, o que tornava o golpe mais suave para muitos; para Jamie, todavia, isso só o fazia se sentir ainda mais desanimado. Ele saía das seleções convencido de que tinha conseguido o papel, mas logo seu agente lhe telefonava para contar que a experiência não obtivera sucesso. "Não existe um encontro ruim em Los Angeles. Você sempre sai acreditando que conseguiu o papel", ele explicou. "Acho que só ouvi nãos silenciosos lá."

Por enquanto, ele tinha muito em que se concentrar; sua agenda andava lotada com os trabalhos de modelo e com a música. Aliás, a carreira de modelo não poderia estar melhor – pelo menos, no papel. "Nunca me senti extremamente satisfeito parado ali, com alguém tirando fotos minhas. Aquilo nunca me preencheu", confessou à revista *Evening Standard* anos depois. "Mas eu seria muito idiota se recusasse o que me ofereciam. Você tem 20 e poucos anos e as pessoas lhe pagam uma quantidade inacreditável de dinheiro para você encostar na parede e abaixar a cabeça. Então, que se dane, eu tinha que fazer aquilo."

▪

Tão humilde quanto sempre fora, longe das câmeras o modelo levava uma vida incrivelmente normal. "Ainda preparo espaguete à bolonhesa e adoro um bom livro. Minha noite perfeita é com meu colega Jake e minha irmã Jess, comendo tomate e mozzarella seguidos por meu espaguete. É a melhor coisa do mundo! Como sobremesa, comemos *cheesecake*, bebemos Pinot Noir e depois assistimos a episódios do South Park", revelou. "Minha rotina diária é composta por um banho de dez minutos, uma xícara de café e já estou pronto. Sempre levo um livro comigo, não consigo viver sem livros. Não entendo as pessoas que não leem."

Desafiando o estereótipo de supermodelo esplêndido, Jamie admitiu que, embora gostasse de se manter em forma com flexões matinais, não era tão vaidoso quanto se poderia esperar. "Eu corto meu próprio cabelo. Não tenho produtos para o cabelo. Uso o que aparecer na frente. Gosto de jogar golfe, mas não sou fã de academia. Prefiro sair para caminhar."

Sua atitude tranquila e seu profissionalismo pareciam render frutos. A agência Select, que cuidava de sua carreira desde o início, agora recebia uma quantidade enorme de convites para o jovem astro, que a essa altura podia cobrar dez mil libras por um dia de trabalho.

Em seguida, veio a campanha de primavera de Nicole Farhi, no início de 2007, que mostrou Jamie em uma série de imagens em preto e branco usando vários ternos e jaquetas personalizadas. A sorte do modelo continuava em alta e, em seguida, veio um anúncio para a Aquascutum, ao lado da espetacular Gisele Bündchen. A marca britânica queria reformular sua imagem – deixar para trás o conceito *country* e adotar um ar sexy e moderno – e escolheu os "super-refinados" Jamie e Gisele para formar o esplêndido casal no centro da marca.

Peças-chave na coleção incluíam roupas baseadas nos designs originais usados por Audrey Hepburn, Sophia Loren e Lauren Bacall em tecidos de luxo. O ensaio foi feito na enorme mansão Cliveden House, em Berkshire – famosa na década de 1960 pelo Caso Profumo –, com o lendário fotógrafo Mario Sorrenti no comando, conhecido por suas fotos de modelos nus nas páginas de revistas como *Vogue* e *Harper's Bazaar.* Aquele era mais um projeto sensual de Sorrenti e Jamie posou uma série de fotos quentes com a modelo brasileira. "Jamie é realmente um profissional. Pode produzir uma imagem sexy em um segundo", comentou uma pessoa de dentro da indústria da moda. "Ele transborda sedução para a câmera sem precisar fazer qualquer esforço, mas ao mesmo tempo, deixa as modelos à vontade. É amigável, educado e muito, muito agradável; um dos melhores modelos do mundo."

A campanha foi um enorme sucesso graças à inegável química entre Jamie e Gisele. "Estamos felicíssimos com essa nova campanha", comentou Kim Winser, presidente e CEO da Aquascutum. "Gisele e Jamie formam o par perfeito para comunicar nossa visão criativa da nova coleção." Quando as fotos do belo par usando peças de luxo e esbanjando *sex-appeal* chegaram à internet, os fãs também elogiaram: "Eles estão lindos! Nossa! Adorei". Outro escreveu: "Estilo, sensualidade, classe. Hipnóticos! Jamie está lindo!". E um jornalista do mundo da moda comentou: "Os dois parecem feitos um para o outro. Jamie Dornan está perfeito".

Em seguida, veio o novo contrato de Jamie como rosto da linha de óculos da Bvlgari. Posando para uma série de imagens em preto e branco usando óculos da famosa marca, Jamie mais uma vez atraiu muita atenção no mundo da internet, tanto de homens quanto de mulheres. "Ele é lindo!", um fã homem babou em um site. "Não costumo me interessar por homens de óculos, mas ele me fez mudar de opinião."

Não é de se surpreender que a Aquascutum tenha procurado Jamie novamente em menos de um ano. "Na última coleção, eles aumentaram a temperatura para a Aquascutum na British Cliveden House;

agora, Gisele Bündchen e Jamie Dornan voltam ao local para posar para a mesma marca", relatou um artigo na *Vogue* em julho de 2008. Dessa vez, o casal posaria contra um pano de fundo retratando a Catedral de São Paulo, de Londres. E as fotos não pareceriam fora de contexto se fizessem parte do filme *Cinquenta Tons de Cinza*.

"Em uma foto, a mulher – usando um vestido preto agarrado e salto agulha Manolo – está sedutoramente deitada no colo do homem", um jornalista falou sobre a campanha ao jornal britânico *Daily Telegraph*. "Em outra imagem, ela é capturada como uma executiva no escritório, olhando para a Catedral de São Paulo, enquanto ele aparece montado em uma MV Agusta F4 – a 'ferrari das motos'. Non-doms[1]? Banqueiros imunes à crise no crédito? Ou um casal apaixonado em um *affair* descontrolado?"

Kim Winser, da Aquascutum, comentou na época: "Adoro a eletricidade apaixonada; o poder é um forte afrodisíaco". Jamie de fato tinha uma presença poderosa no estúdio, mas, embora atraísse fãs com suas caras e bocas, não andava com muita sorte na vida pessoal. Estava desesperado por arrumar uma namorada, mas era o primeiro a admitir ser inútil no amor. "Realmente preciso de uma namorada", admitiu em 2007. "Gosto de sair e me divertir com as pessoas, mas existe um lado meu que precisa de um relacionamento."

Jamie gostava da estabilidade que uma namorada oferecia e, embora adorasse sair para beber com os amigos, também se divertia ficando em casa, preparando uma boa refeição e assistindo TV. Poucos conseguiam acreditar que ele continuava solteiro. A imprensa era inflexível: Jamie, um dos mais desejados homens do mundo, certamente estava saindo com alguém.

Meses após ele e Keira terminarem o relacionamento, surgiram rumores de que Jamie estaria de olho em outras belas mulheres. Sempre que participava de uma campanha, o modelo se via diante de boatos de que estava saindo com uma nova atriz ou modelo – e os detalhes desses boatos, às vezes, eram bastante exagerados. Houve o caso da atriz Sienna Miller e ele admitiu mais de três vezes que os dois eram

1 "Non-doms" são pessoas que moram em outros países para pagar menos impostos.

"apenas bons amigos" que viviam no mesmo quarteirão e adoravam uma boa refeição e uma boa conversa. Algumas semanas depois, surgiram os boatos de que ele teria saído com a atriz hollywoodiana Lindsay Lohan, depois que o casal foi visto junto em um canto de uma festa patrocinada pela Calvin Klein em Nova York para celebrar a nova campanha com Kate Moss. Os dois teriam sido vistos de mãos dadas, o que acendeu rumores de que estavam saindo juntos.

Dornan posteriormente negou até mesmo conhecer Lohan pessoalmente. "Sei quem ela é, assisti ao filme *Meninas Malvadas*, mas isso é tudo. Não existe nenhuma Sra. Jamie", falou na época.

Apesar das negações, Jamie estava na "sex list" que Lohan teria feito em 2013, durante uma festa regada a álcool com os amigos. A atriz teria criado uma lista de 36 homens famosos com quem havia ido para a cama e Jamie Dornan estaria entre os nomes. Uma fonte que afirma ter visto Lindsay Lohan criar a lista durante a festa no Beverly Hills Hotel disse: "Era a lista de conquistas pessoais dela. Lindsay estava tentando impressionar as amigas com aquilo, depois jogou o papel no lixo".

Havendo verdade ou não nisso, o fato é que algumas semanas depois o nome de Jamie foi ligado ao de outra mulher. Dessa vez, ele estava envolvido em uma amizade próxima com Lucia Giannecchini, do programa de TV *Footballers' Wives*, depois de a conhecer por meio de amigos em comum. "Ela está tentando manter a amizade com Dornan em segredo", contou uma fonte ao jornal *Sunday Mirror*, citada em um artigo sobre o novo interesse amoroso da atriz.

Em seguida, ressurgiram os boatos de que ele estaria vivendo um romance com Kate Moss e, por conta da especulação contínua, Dornan sentia-se forçado, mesmo anos depois, a comentar sobre o assunto toda vez que dava uma entrevista. "Acho que é muito difícil encontrar alguém especial em Londres", afirmou. "Existem várias mulheres bonitas na cidade, mas eu as acho intimidadoras. Londres é tão grande que fica difícil saber onde estão as mulheres legais ou que tipo de pessoa elas virão a se mostrar. Era muito mais fácil quando eu estava na escola e conhecia todo mundo. Nunca saí com Kate Moss."

E havia outro problema: as pessoas começavam a comentar sobre quão bem Jamie fazia o papel de heterossexual, insinuando, assim, que ele não se interessava por mulheres. "É impressionante a quantidade de pessoas que acham que eu sou gay", comentou. Mesmo assim, e muito embora ele não soubesse lidar muito bem com a situação, as garotas ficavam loucas por ele.

No V Festival de 2006, as glamorosas Alicia Duvall, Caprice e Jodie Marsh teriam implorado para os organizadores lhes apresentar Jamie. A *popstar* solteira Lily Allen também teria se insinuado para ele antes de os dois trocarem números de telefones para se encontrarem posteriormente. "Lily foi até Jamie, que estava sentado com alguns amigos. Ela se apresentou e começou a dar em cima", comentou um observador sobre a filha do comediante Keith Allen. "Num primeiro momento, ele pareceu impressionado, mas logo os dois já estavam se dando bem. Tomaram algumas cervejas juntos e trocaram números de telefones."

Mesmo sem um relacionamento de longo prazo na manga, Jamie certamente estava se divertindo com flertes rápidos e sua reputação como *playboy* andava a todo vapor. Alguns meses mais tarde, o modelo foi visto beijando a modelo australiana Gemma Ward na sala VIP da Louis Vuitton do famoso Movida Club, em Londres. Depois, também teria dado em cima da modelo Lily Donaldson. Jantares com Lily Aldridge também vieram em seguida. Muito embora ele não estivesse em um relacionamento com ela – que é meia-irmã da supermodelo Saffron Aldridge e melhor amiga da cantora Taylor Swift –, ficava claro que Jamie agora circulava em meio às mulheres da nata da sociedade londrina.

▪

E ele também andava com as VIPs de Hollywood. A estrela do seriado *O.C. – Um Estranho no Paraíso*, Mischa Barton, declarou seus sentimentos por Jamie após ser apresentada por amigos em comum no Cartier Polo International, em Windsor. Jamie e a loira passaram um dia juntos em um evento exclusivo antes de seguirem para a festa no refinado clube noturno China White, em Londres, onde passaram a noite "conversando e rindo" em um canto do bar exclusivo.

Os rumores sobre relacionamentos não passavam de especulação, mas Jamie logo foi visto jantando com outra mulher, dessa vez a modelo Lily Cole. Os dois de fato formavam um lindo casal, e claramente gostavam da companhia um do outro. Viviam a dez minutos de distância em West London e dividiam uma paixão por hambúrgueres, apesar de terem corpos invejáveis. Foram juntos a um evento de moda da Armani na capital inglesa, no qual Lily, que havia dado uma pausa na faculdade de Ciências Políticas e Sociais na Universidade de Cambridge, também trabalharia como modelo. Ambos tinham vários amigos em comum na indústria da moda e estava claro que a imprensa adorava a ideia de os dois formarem um casal. "Ela está muito interessada em Jamie. Recentemente, jantaram na Locanda Locatelli, perto da Oxford Street, e não conseguiam tirar os olhos um do outro", contou uma fonte ao jornal *Mail on Sunday.* "Nos bastidores, no evento da Armani, Lily não parava de olhar para o modelo." Uma admiradora de Jamie escreveu em uma página na internet: "É um casal incomum, mas os dois são tão inteligentes que talvez funcione". Outra observou: "Ele é tímido demais e preocupado demais com a possibilidade de ser rejeitado para investir em sair com alguém. Os dois se conheceram por meio do trabalho".

Jamie continuava afirmando que não havia ninguém especial em sua vida. Enquanto isso, conhecidos declaravam que, entre as baladas com amigos e possíveis amantes, sua irmã, Jessica, teria tentado, sem sucesso, fazê-lo reatar com Keira. Ela tinha permanecido em contato com a atriz, pois ambas tinham muito em comum. "Keira e Jessica se davam muito bem enquanto Jamie estava com a atriz e as duas continuaram amigas", contou uma fonte ao jornal *Daily Express.* "Com a ajuda de Jessica, Keira se encontrou com Jamie, como amigos, e até foi visitá-lo na nova casa. Jessica estava disposta a fazer de tudo para Jamie, desde cozinhar para ele até apoiá-lo emocionalmente."

É verdade que Jamie sofreu depois de perder Keira, mas ele não queria voltar. Para o modelo, tinha sido difícil demais estar em posição inferior no relacionamento. Embora eles tenham se encontrado eventualmente ao longo do ano seguinte, ambos acabaram deixando de vez a vida um do outro. "Somos bons amigos e nos encontramos às vezes, mas não estou com o coração partido. Pareço alguém com o coração partido?", ele comentou na época. "Acho que não. Estou seguindo a vida, assim como ela está."

Keira de fato seguia a vida sem Jamie, e rumores começavam a surgir sobre um casamento com seu novo parceiro, o ator Rupert Friend. "Tudo está indo muito bem para Keira Knightley, que segue seus planos de comprar uma casa em Londres com o namorado, Rupert Friend", escreveu o colunista Adam Helliker no *Sunday Express.* "Mas é impossível não pensar no apaixonado Jamie Dornan, que não encontrou uma namorada desde que a atriz o chutou da cama. O motivo de o belo Dornan, de 25 anos, ter alcançado tão pouco sucesso na vida romântica, bem, isso é um mistério."

Enquanto outras pessoas pareciam mistificadas, Jamie realmente não se importava com o fato de estar solteiro, já que sua vida profissional andava muito ativa. Talvez a melhor parte de sua ocupação atual fosse o fato de os ensaios fotográficos durarem apenas um ou dois dias e lhe pagarem o suficiente para viver meses livre para fazer o que realmente queria fazer: música. "Se vou fazer um filme, normalmente tenho que ficar algum tempo longe do estúdio porque preciso estar no set. Mas, quando falamos da carreira de modelo, você não fica um mês inteiro trabalhando longe de casa... Não demora tanto assim para tirar algumas fotos", explicou. "Você só passa dois ou três dias aqui ou ali e acaba ficando muito tempo em Londres. Para mim, é fácil equilibrar as coisas. E ainda tenho muito tempo livre para não fazer nada."

Para dizer a verdade, ele não tinha muito tempo para "não fazer nada". Jamie era, de fato, um homem muito ocupado.

Na festa do lançamento europeu de Rei Arthur, com a namorada Keira Knightley, no Guildhall, Londres, 2004.

Com a carreira de ator decolando e amigos do mundo das celebridades, Jamie Dornan se torna o centro das atenções. Com Amy Pascal, da Sony, Kirsten Dunst, Sofia Coppola e Sir Howard Stringer, também da Sony, na estreia de Maria Antonieta, em Nova York

Jamie e sua bela esposa, Amelia War
participam de uma festa pós-BRIT

© Nick Harvey/WireImage

Jamie no lançamento da fragrância noturna da DKNY em Londres, 2007.

Jamie posa com modelos de roupa íntima da Calvin Klein.

© Dave M. Benett/Getty Images

Autografando pôsteres do evento de casting "9 Countries, 9 Men, 1 Winner", da Calvin Klein, em Oxford Street, 2009.

Com Amelia, no tapete vermelho do BAFTA TV Awards em Londres, maio de 2014.

© David M. Benett/WireImage

A autora de *Cinquenta Tons de Cinza*, E. L. James, no Prêmio de Homem do Ano da GQ, na Royal Opera House em setembro de 2014. Jamie segura seu Prêmio Vertu de Ator Revelação

Posando com o prêmio de Melhor Ator em um Papel Principal na Televisão durante o Irish Film and Television Awards, em Dublin, abril de 2014.

Capítulo 9
Pau para toda obra

"Esse cara é um modelo muito autêntico, é um faz-tudo", elogiou a revista *Out* em 2006. De fato, Jamie desempenhava muitas atividades. Não apenas tentava chegar ao Top 40 com o Sons of Jim, mas também jogava rúgbi, o que não deixou de fazer desde que fora escolhido pelo Belfast Harlequins na adolescência. Também nadava com regularidade, jogava golfe, praticava yoga e se entregava religiosamente a flexões de braços.

A determinação demonstrada em tudo que fazia era impressionante. A carreira na música, depois do fim do relacionamento com Keira, parecia entrar nos trilhos. O Sons of Jim tinha encontrado um empresário em Los Angeles e agora surgia uma parceria com o produtor Brian Higgins, além da turnê pelo Reino Unido abrindo os shows da cantora KT Tunstall.

Os dois singles de Jamie e David – "Fairytale", de 2005, e "My Burning Sun", um ano mais tarde – lançados pela gravadora dos rapazes, a Doorstep, venderam um número encorajador de cópias apenas na internet. Os rapazes tinham lançado a banda sozinhos e até mesmo produzido uma capa bastante profissional para "Fairytale", com os dois posando em uma ponte vestindo jaquetas de couro e cachecóis cinza combinando.

As vendas – centenas de cópias – dos singles foram animadoras. Eles se apresentavam regularmente em clubes noturnos de Londres, incluindo a Carling Academy, em Islington, além de aparecerem em locais menos comuns, como a loja da grife de tênis Vans, na popular

Carnaby Street da capital. Jamie estava decido a conquistar, de um jeito ou de outro, um contrato com a indústria da música. E o que importava não era o caminho para isso e sim o público que eles atingiriam.

As aparições em eventos de caridade também surgiam e a dupla se uniu a seus ídolos do esporte, o campeão de boxe Barry McGuigan e o treinador da seleção de futebol da Irlanda do Norte, Lawrie Sanchez, no verão de 2006, para o Sport Relief Mile, da BBC, em Belfast. Depois da corrida, o Sons of Jim fez uma apresentação para uma plateia de fãs dedicados no Custom House Square de Belfast.

Jamie era conhecido por muitos dos habitantes de Belfast e recebeu um retorno imediato do público. Essa conexão provavelmente foi impulsionada pelo fato de sua carreira de modelo ser acompanhada pelo jornal local, o *Belfast Telegraph*, e por ele ser conhecido pelos fãs de rúgbi da cidade, já que havia jogado para o Belfast Harlequins desde os quinze anos de idade.

De fato, em sua adolescência – e também depois, durante os vinte e poucos anos –, o rúgbi continuou sendo uma das verdadeiras paixões de Jamie. E ele não estava preparado para desistir de suas aspirações de ser um esportista bem-sucedido. Entre uma campanha e outra, ele ainda conseguia encontrar tempo para jogar – e não apenas em Belfast e Londres, mas também em partidas pela Europa Continental. Jamie continuou jogando para a equipe local até completar 24 anos, pois seu corpo magro e sua velocidade significavam que ele era ideal para o trabalho. "Joguei como lateral desde os oito anos. Sempre precisei ganhar massa muscular, então, até a carreira de modelo decolar, eu devorava Big Macs e fazia muito trabalho físico. Agora superei a fase Big Mac, mas faço flexões sempre que encontro um tempo livre", declarou.

Durante uma partida na Suécia, três anos após o fim do relacionamento com Keira, Jamie feriu o joelho e chegou a pensar que seus dias de rúgbi talvez tivessem chegado ao fim. Sobre o torneio, ele disse: "Tudo ia bem, mas, quando estava correndo, percebi que já não tinha a velocidade extra com a qual podia contar. Então, em vez do rúgbi, passei a nadar sempre que possível".

Normalmente tranquilo e sociável, Jamie sentia o sangue ferver sempre que assistia a uma partida de rúgbi. Claramente se importava muito com o que acontecia no campo e se enervava quando a Irlanda perdia. "A última vez que perdi a cabeça foi assistindo a um jogo de rúgbi da Irlanda", confessou. "Fiquei muito nervoso porque perdemos, fiquei chateado. Também me irrito bastante no trânsito, xingo muito!"

Entre os finais de semana jogando rúgbi, Jamie também procurava garantir ter tempo para a família e para os amigos. Para ele, era importante, em meio a todo o glamour da carreira de modelo, permanecer com os pés no chão. Estava muito consciente de que a fama era capaz de separar as pessoas de seus entes queridos. Como não tinha amigos no mundo da moda, "porque você só passa algumas horas com os modelos", eram os amigos do Methodist College, em Belfast, que realmente importavam para ele, o que o mantinham inteiro nos momentos mais difíceis. E Jamie não tinha ilusões: a vida boa podia acabar a qualquer momento.

Ele também era constantemente lembrado de que a vida era muito preciosa por meio das atualizações de seu pai acerca do tratamento do câncer. Embora o professor Dornan tivesse "mais energia do que qualquer pessoa que conheço", era inegavelmente difícil para Jamie enfrentar o pensamento de que o pai tinha a mesma doença que levara sua mãe – muito embora ele, diferentemente dela, tivesse tido oportunidade de enfrentar o problema. Apesar de Jamie e Jim frequentemente estarem a milhares de quilômetros de distância um do outro – o filho em Londres ou Nova York e o pai em Belfast ou em hospitais ao redor do mundo –, eles tentavam se encontrar com a maior frequência possível.

Jamie, que não gostava de usar e-mail ou mídias sociais, insistia em uma forma mais tradicional de manter contato e enviava cartas escritas a mão. Eles também dividiam uma paixão por jantares com pratos assados aos domingos e tentavam desfrutar desse prazer sempre que se reuniam.

Jamie também mantinha os amigos por perto e as noitadas dos rapazes em Londres ou Belfast eram importantes para o agora famoso modelo e cantor. Uma de suas maiores paixões era sair à noite com os amigos antes de ler um bom livro para dormir. Apesar da carreira atual, que tanto valorizava seu belo físico, ele ainda não acreditava ter nada tão especial. "Nunca vi motivo para pensar que minha aparência tivesse algo diferente", contou à *Vogue* alguns anos mais tarde ao ser questionado sobre sua aparência durante a adolescência.

Mantendo-se fiel à sua palavra e claramente nada preocupado em se preservar para a câmera, Jamie tornou-se conhecido por abrir garrafas de cerveja com os dentes e gostava de beber a Guinness como se sua vida dependesse dela. "Eu adoro, embora ultimamente tenha abusado um pouco graças a quatro casamentos dos quais participei na Irlanda do Norte", confessou na época. "Acho que tive sorte com os genes", respondeu quando questionado sobre por que seu corpo não parecia afetado pelo consumo de álcool.

Como a maioria dos homens de vinte e poucos anos, ele achava que beber era uma forma sociável de relaxar e se desligar um pouco do trabalho, mas era conhecido por abusar. "Acordei nas escadas de casa, com o corpo curvado como o de um gato, uma ou duas vezes, após noitadas", revelou ao jornal *The Sun* quando lhe foi perguntado se já tinha acordado em algum lugar estranho. "Também acordei em um voo saído de Vancouver e, conforme anunciado, pousaríamos em Londres. Tomei alguns drinques antes e não me lembrava de ter entrado no avião, então, quando acordei, fiquei um pouco assustado!"

Porém, certa noite, Jamie teve menos sorte do que dessa vez quando entrou em um voo aterrorizante. Bêbado após tomar sua cerveja favorita no bar Infernos, em Clapham, no sul de Londres, ele disse a outro rapaz que suas atitudes estavam sendo grosseiras, o que era particularmente inadequado considerando que aquele era o "Dia Nacional da Cortesia" – fato que Jamie havia descoberto assistindo ao programa de TV *Today With Des & Mel* naquela manhã. Furioso com o comentário, o desconhecido deu uma cabeçada no modelo, quebrando-lhe o nariz. Em vez de ir ao hospital, Jamie se arrastou para casa, tomou ibuprofeno, dormiu 14 horas e acordou banhado em sangue. "Não é uma história que as pessoas gostariam de associar ao embaixador do estilo de vida Calvin Klein", escreveu um jornalista.

Para dizer a verdade, o incidente foi algo bastante incomum para Jamie, que é conhecido pelos amigos como "Papai Dornan" por ser um dos mais sensatos e controlados membros do grupo de amigos. "Quando saio com meus amigos, somos um grande grupo de rapazes de Belfast e, ao fim da noite, acabamos ficando meio... hiperativos. Mas tenho uma tendência a ser mais sensato e bastante rígido com eles. Tipo: 'Acalmem-se, pessoal!'. Por isso eles me chamam de 'Papai Dornan'."

E era bom, mesmo, que o instinto natural de Jamie fosse o de se manter no controle, já que as fãs começavam a abordá-lo durante suas noitadas de diversão. Embora tivesse recebido cantadas anteriormente pela internet, ele agora começava a ser abordado por fãs, já que a fama o tornava instantaneamente reconhecível. As mulheres tinham começado a abordá-lo para conversar, o que o empurrava totalmente para fora da sua zona de conforto. Um jantar com amigos em Londres certa vez se transformou em uma ocasião complicada quando uma mulher mais velha o abordou e não o deixava em paz. "Eu dizia várias vezes: 'É mesmo?'. E me virava e pedia ajuda aos amigos, mas ela me puxava pelo ombro e perguntava: 'Quer um gole da minha bebida?'. Mas sem chance. Eu não sabia o que ela tinha posto naquele copo", contou.

Jamie achou o interesse bizarro e, embora o ocorrido não chegasse nem perto da atenção que ele recebia com a ex-namorada Keira, ser abordado por estranhos o deixava desconfortável. Ele ficou ainda mais abalado quando um homem o abordou na rua e implorou para que ele assinasse um pôster no qual usava apenas calça. O fã explicou que Jamie era sua "inspiração". "Achei estranho autografar minha própria coxa, e pensei: 'Não se inspire em um homem que tem boa aparência sem estar totalmente vestido'. Existem muitas coisas nas quais se inspirar. Quero dizer, tudo bem sentir-se inspirado por uma mulher que usa calças! Minha nossa! Não que eu esteja sugerindo que as mulheres só ficam bem de calças. Só acho que homens serem idolatrados porque ficam bem numa calça, isso é um tanto ridículo, não é?", comentou.

▪

Enquanto a carreira de modelo não o inspirava, Jamie, após a separação de Keira, concentrava toda sua energia e ambição em transformar sua banda em um sucesso. A música sempre foi importante para ele. "Meu iPod jamais seria roubado na academia. Ninguém teria interesse em ouvir as músicas que eu ouço durante as sessões de treino. [...] Roy Harper, Led Zeppelin e The Kissaway Trail funcionam como uma válvula de escape e me ajudam a canalizar a energia para os exercícios."

Também ficava fascinado pelos colegas músicos e, apesar de viver a própria fama, sentia-se intimidado por bandas compostas por músicos que ele considerava talentosos e que haviam alcançado o sucesso. "Certa vez, vi Wayne Coyne, vocalista do The Flaming Lips, em um café em Nova York. Eu nem sequer o abordei, mas fiquei totalmente fascinado. Ele é um cara muito legal", contou.

Jamie e seu colega David também tinham fãs. A imprensa os elogiava, considerando-os "dylanescos" ou "um Simon e Garfunkel moderno".

Com o lançamento do single "Fairytale", uma balada que ele descreveu como "no limite do rock caseiro", as pessoas começaram a ouvi-los. E a impressionante dupla também conquistou fãs durante a turnê com KT Tunstall, além de vender uma quantidade razoável de singles na internet.

Todavia, ainda existia a insegurança quando o assunto era a música – afinal, o modelo estava fora de sua zona de conforto. "Estar nesse meio é um pouco tenso, mas não esperamos dominar o mundo nem nada assim. Não somos o Coldplay. Estamos lançando algumas faixas e, se as pessoas gostarem, ótimo; se comprarem porque a música é boa, isso é tudo que queremos", comentou na época.

Jamie estava convencido de que nunca se tornaria um músico reconhecido e definitivamente não esperava ganhar dinheiro com essa carreira. "Existem muitos artistas por aí, artistas que respeito muito, que não vendem milhões de discos, mas os fãs certamente os respeitam e adoram a música que eles fazem." Portanto, ele realmente se importava com a música – diferentemente do que acontecia com sua carreira como modelo. Por outro lado, é importante ressaltar que Jamie conseguia levar a carreira de modelo com tanta tranquilidade a ponto de impressionar os maiores fotógrafos do mundo e, consequentemente, ganhar muito dinheiro.

Ficava muito claro que ele buscava reconhecimento e não apenas grandes quantias de dinheiro. E, embora admitisse que seu primeiro papel no cinema, ao lado de Kirsten Dunst, tivesse sido "muito legal", esse caminho parecia estar fechado já havia algum tempo, então talvez fosse sensato concentrar-se em alcançar o sucesso com a banda.

A verdade era que, no fundo, Jamie sabia que a música não era seu maior talento. De fato, alguns anos depois, ele chamaria sua música de "terrível". "Eu tinha uma banda. Uma banda terrível, chamada Sons of Jim", admitiu em 2012. "Eu cantava e tocava guitarra e uma gaita chorosa. Eu teria gostado mais da banda se fôssemos bons. Você precisa acreditar que é a melhor banda do mundo para as coisas funcionarem, mesmo se não for. Eu simplesmente não acreditava nisso."

As críticas ao grupo também eram mistas e houve quem falasse mal da dupla. "Não que eles sejam uma banda ruim, mas o som não traz nada de novo", escreveu um crítico. "Sinto muito, não sei por que toda a comoção", dizia outra resenha na internet. "Teria sido muito mais interessante se eles fossem diretos e admitissem que o single é sobre Keira, assim talvez eu conseguisse escutar a faixa até o fim."

Embora a dupla tivesse desfrutado do benefício de trabalhar com o produtor musical Brian Higgins, cujo nome é atrelado a uma série de grandes artistas da música pop, ficou claro que eles não estavam contentes com a transformação na sonoridade. Jamie sentia que eles estavam se distanciando demais do que queriam ser musicalmente. "Era uma daquelas coisas que seguia sua própria onda, mas nós não estávamos surfando aquela onda", explicou à revista *Elle*. "Eu era novo e fazia música com um dos meus melhores amigos, que ainda é um dos meus melhores amigos. Estávamos apenas nos divertindo, mas outras pessoas tentavam nos fazer seguir em uma direção que não tínhamos imaginado. Por fim, alguma coisa tinha que acontecer."

Não demorou muito para Jamie e David terem de conversar e chegar à conclusão de que nenhuma gravadora assinaria com eles e que seu empresário não conseguiria shows em espaços maiores do que clubes locais ou associações de estudantes. "Nós éramos péssimos", admitiu Jamie. "O empresário tentou dizer: 'Ei, continue sendo modelo'. E tentou nos transformar em algo pop. Fomos empurrados na direção de algo que não era legal."

▪

Com o passar do tempo, ficava claro que a música deles havia seguido por um caminho que não os deixava feliz e a dupla certamente não vinha recebendo o reconhecimento que esperava. Infelizmente, o mais próximo que chegariam do Top 40 seria com o single "I Heard", que alcançou o topo das paradas em Brunei com um cover feito pela estrela local Hill Zaini. Jamie também conquistou um sucesso inesperado na Malásia alguns anos depois do fim do Sons of Jim. "Eu estava no YouTube e cliquei em um link e vi um cara da Malásia com Faye Dunaway e Kristin Kreuk, do seriado *Smallville*, em um vídeo de uma música que eu escrevi", ele explica. "A música ficou em primeiro lugar na Malásia, então estou esperando para receber a grana."

Além de haver pouca chance de os dois alcançarem sucesso na indústria fonográfica, enquanto Jamie conseguia se sustentar com trabalhos extremamente lucrativos de modelo, David, que havia se formado em Direito, tinha de trabalhar em seu emprego durante o dia. A coisa simplesmente não funcionaria.

Qualquer um podia ver que Jamie agora estava em uma encruzilhada e claramente sofrendo a maldição do "faz-tudo". Ele se saía bem em tantas áreas que era difícil saber qual delas, de fato, seguir. "Eu sabia que queria ser ator e estava tentando alcançar meu objetivo. Mas existiam muitas distrações. Eu ainda estava envolvido com os contratos de modelo, ainda me divertia com a banda. É o que você faz quando tenta ser criativo e é jovem e ainda não se fixou em algo. Você experimenta várias coisas e descobre com que se sai melhor", explicou.

▪

Quase uma década se passou depois que Jamie deixou o colégio até surgir uma oportunidade para realmente seguir sua paixão e entrar no mundo do cinema, mas, por fim, seu próximo papel estava por vir. Por mais de um ano surgiam rumores de que havia chegado a hora. Inicialmente, correu uma história de que ele apresentaria um programa de culinária para o canal irlandês UTV. Jamie seria uma das celebridades, incluindo a Miss Universo Rosanna Davidson e o chef Gary Rhodes, a apresentar o *The Fabulous Food Adventure*, uma nova série matutina. Depois, vieram os rumores de que ele estaria em *Namastey London*, um filme bollywoodiano de 2007. Aparentemente, o diretor Vipul Amrutlal Shah vinha cogitando colocar ou ele, ou Jason Connery (filho de Sean Connery) no papel de coadjuvante no blockbuster filmado na capital britânica.

Embora nenhum dos papéis tenha se materializado, a sorte por fim bateu à porta de Jamie em seu primeiro trabalho como protagonista de um filme. A obra, intitulada *Beyond the Rave* e produzida para a internet, seria o primeiro filme de terror da produtora Hammer desde 1979 e teria a direção de Matthias Hoene, que posteriormente se tornaria famoso pela comédia de terror *Cockneys vs Zombies*, estrelando Michelle Ryan, Richard Briers e Honor Blackman.

Por sorte do destino, foi no casamento da irmã que Jamie conheceu o produtor do filme, que começou a explicar o projeto e perguntou se ele queria participar. Depois de "beber muito", Jamie concordou e o acordo estava selado. Afinal, ele precisava de toda a experiência que conseguisse adquirir no mundo da atuação. "Conheci o produtor no casamento da minha irmã e gostei muito dele. Gostei do que ele estava tentando fazer com o projeto e, depois de beber muito, concordei em participar. Aí acabei me envolvendo e as filmagens foram uma loucura", admitiu alguns anos depois.

Embora provavelmente não fosse o mais convencional dos filmes, *Beyond the Rave* tinha todos os traços de um projeto atraente e bem divulgado, o que era interessante para Jamie, que queria ganhar o máximo possível de exposição.

▪

A famosa empresa cinematográfica Hammer Film Productions, conhecida por seus filmes góticos de "terror" entre os anos 1950 e 1970 (que incluíam adaptações dos clássicos *Drácula* e *Frankenstein*), foi ressuscitada em 2007 por um magnata holandês, e *Beyond the Rave* seria o primeiro filme desde *A Dama Oculta*, lançado cerca de vinte anos antes.

Simon Oakes, que tornou-se CEO da Hammer e confirmou que uma soma de 30 milhões de libras seria investida no estúdio para a produção de novos filmes, declarou: "A Hammer é uma excelente marca britânica. Pretendemos fazê-la voltar a produzir e a desenvolver seu potencial global. A marca continua viva, mas ninguém investe nela há muito tempo".

Vivendo o personagem Ed, Jamie foi "honrado" com um papel central no *revival* do estúdio – algo, no mínimo, interessante. O personagem era um soldado inglês que, antes de voar para o Iraque naquela manhã, havia encontrado e reconquistado sua namorada das garras de vampiros sedentos por sangue disfarçados de um grupo de frequentadores de *raves*. Foram quatro noites de filmagens e um salário muito baixo, mas Jamie estava mais do que disposto a se dedicar ao trabalho. "Tudo foi filmado à noite. Eu dormia o dia todo, não tinha vida. Aí eu me levantava e ia trabalhar às seis horas da tarde e voltava para casa às seis da manhã. Muito estranho. Não me lembro de muita coisa desse período. Mas fiz bons amigos. Acabamos unidos pela falta de sono", contou à revista *Interview*. "Tínhamos algo como 5% do orçamento de uma série de TV. Jamie queria entrar para o mundo da atuação. Era comprometido no set, fazia várias proezas. Passamos quatro noites trabalhando juntos – filmando a noite toda – e ele realmente sujou as mãos", contou o diretor Matthias alguns anos mais tarde.

Embora trabalhar no filme tivesse sido muito divertido, a obra nunca foi lançada nos cinemas, mas foi exibida exclusivamente no MySpace. A experiência, todavia, havia se provado inestimável para Jamie. Ademais, ele estava em boa companhia, com um forte elenco que incluía Sebastian Knapp – fazendo o papel de Melech, o chefe dos vampiros –, em cujo currículo destacava-se uma série de sucessos da TV, como *Silent Witness*, da BBC, e a novela policial *The Bill,* da ITV1. A atriz irlandesa Nora-Jane Noone, famosa pelo filme *Em Nome de Deus*, de 2002, fazia o papel de Jen, namorada de Jamie. "Os créditos são enormes, pois era uma produção impressionante, e boa sorte no futuro a todos os que fizeram até mesmo papéis pequenos", escreveu o crítico de cinema Jaci Stephen no *The Guardian.* "Grande parte da genialidade está em algumas falas, que nos fazem rir alto. [...] Para alguns, o final é feliz; outros perdem a vida lutando com unhas e dentes pela sobrevivência. Não vou estragar a surpresa, mas digamos que, depois de sua última noite de folga, se Ed sobreviver, o Iraque será mamão com açúcar!"

▪

Agora Jamie havia provado duas vezes o sabor de trabalhar na indústria cinematográfica e adorou cada minuto das experiências. Não tinha dúvida de que ser uma estrela do cinema era seu destino e, em tom de brincadeira, admitiu que se sentia preparado para aparecer ao lado de Angelina Jolie em uma comédia romântica – embora ele certamente não pudesse vencer os atores britânicos Colin Firth e Hugh Grant, lendários nesse tipo de papel. "Eu adoraria fazer uma comédia romântica com Angelina. Para mim, ela é perfeita", afirmou. "Às vezes, acho que é mais difícil ser o homem em uma comédia romântica se você não for inglês. Acho que os ingleses fazem esse tipo de papel muito bem, essa coisa levemente cafona, patética. Mas não sei se Angelina iria querer fazer uma comédia romântica comigo. Não estou dizendo que Colin Firth ou Hugh Grant sejam patéticos; longe disso! Acho os dois ótimos, mas eu gostaria de tentar."

Embora se sentisse grato pela oportunidade de estrelar o filme, Jamie foi o primeiro a admitir que aquele gênero não era de seu interesse. "Não sou fã de filmes de terror. Realmente não é minha praia", confessou. Os fanáticos por filmes de terror tampouco gostaram da obra e, assim que chegou à internet, brotaram críticas negativas no IMDb.com, a bíblia do mundo do cinema. "Consegui dar uma olhada no filme e é simplesmente péssimo. Uma tragédia do terror", dizia uma resenha. "É mesmo deprimente o fato de o nome da Hammer estar associado a essa obra e saber que uma nova geração de cinéfilos associará essa coisa ao que no passado foi uma excelente produtora de filmes de terror."

Embora na primeira semana o filme tivesse recebido 9,7 de 10 pontos no IMDb.com (o que levou um crítico a gracejar: "Jamie Dornan não deveria deixar sua mãe solta na internet"), essa nota logo caiu para 5 de 10.

Jamie agora buscava papéis maiores e, embora seus comentários sobre querer aparecer ao lado de Angelina Jolie em um blockbuster tivessem sido considerados brincadeiras, havia certa verdade naquelas palavras. Ele estava sonhando alto.

Porém, teria de voltar à realidade por algum tempo – pelo menos retornar ao estúdio para continuar com sua bem-sucedida carreira de modelo. Ele continuava sendo o rosto da Dior e seus anúncios da Aquascutum ao lado de Gisele Bündchen pareciam estar em todos os lugares, o que fazia crescer cada vez mais o número de fashionistas e garotas no fã-clube de Jamie Dornan.

Também foi bem recebido na sociedade de Londres e tinha, em seu círculo de amigos, a modelo Agyness Deyn, o DJ da Radio One Nick Grimshaw, Daisy Lowe e Sienna Miller. Obviamente conhecia muitos deles por conta de seu relacionamento com Keira, mas Jamie agora era parte, por mérito próprio, do mundo das celebridades. "Aggy, como ela gosta de ser chamada, é a líder da tribo, que inclui a *it-girl* Daisy Lowe e Jamie Dornan, ex-namorado de Keira Knightley", relatou o *Daily Mail*. "O estilo deles é uma mistura de feminino e masculino, uma combinação de bailarina e ciclista somada a um forte senso de ironia. Todos frequentam a discoteca Pink, no Soho, e são associados do clube exclusivo Shoreditch House, no East End de Londres."

Jamie também andava com vários colegas de Hollywood, incluindo Mischa Barton e Josh Hartnett, que saía com Sienna Miller em 2007. "Josh Hartnett é um amigo próximo, mas aprendi a não ficar ao lado dele. É alto demais e bonito demais", brincou Jamie.

O nome do modelo de 25 anos começava a aparecer nas colunas sociais dos jornais e revistas e, para sua alegria, Jamie agora era chamado de "ator", e não de "modelo" (ou, ainda pior, de "ex-namorado de Keira Knightley"). "Flagra! Atores Josh Hartnett e Jamie Dornan no pub Marylebone, da Prince Regent", a coluna 3AM do *Daily Mirror* anunciou no final de 2008.

Uma matéria de tabloide algumas semanas mais tarde no *Daily Mail*, sob a manchete "Assunto da Cidade", também contava que Jamie havia sido visto jantando no refinado restaurante tailandês Diep le Shaker, em Dublin, ao lado de um grupo de rostos famosos incluindo Jo Wood, ex-esposa de Ronnie Wood, do Rolling Stones. "Causando um *frisson* na mesa 12 estava o modelo e ator do momento, Jamie Dornan. Jamie, o rosto da Dior, está atualmente solteiro e anda muito requisitado. Vimos a dona do restaurante, Alex Farrell, se divertindo com ele no bar. Talvez Dornan estivesse jogando seu charme para cima dela?"

Sempre ambicioso, Jamie estava se saindo bem na carreira de modelo, mas seu trabalho como cabide para roupas, na verdade, continuava lhe trazendo pouca satisfação. O problema era que ele podia fazer muito mais e sentia que já estava atuando, embora sob uma espécie de disfarce. "Aquelas imagens estão tentando alcançar o inalcançável", explicou sobre sua atuação como o homem forte e taciturno nos outdoors e páginas de revista. "Estão tentando fotografar uma coisa que não está lá."

Jamie – o corpo escultural capaz de vender um milhão de calças – parecia autoconfiante, taciturno, no controle e envolvido em casos sensuais com todas as belas mulheres que posavam ao seu lado. Na verdade, porém, ele era solteiro, temia perder o pai e estava desesperado por ser ator. Vinha se saindo incrivelmente bem, mas a verdadeira realização profissional e a sorte de encontrar a mulher dos seus sonhos pareciam, por enquanto, estar fora do alcance.

Capítulo 10
O cenho franzido Dornan

Jamie não se sentia ingrato pela carreira na moda, mas sabia muito bem que se tratava de uma indústria instável. O que o fazia sentir-se extremamente afortunado era o fato de seu jeito estranho de andar ser uma espécie de bênção disfarçada, pois significava que não havia chances de ele se ver forçado a entrar no mundo excruciantemente competitivo das passarelas.

Um fator de ainda mais sorte era seu *look*, uma marca registrada que o mantinha no negócio e tinha se tornado tão famoso a ponto de lhe render um apelido: o "cenho franzido Dornan". Embora rostos novos dominassem as passarelas de Milão e Paris, as maiores grifes do mundo não se atreviam a colocar modelos desconhecidos à frente de suas campanhas. Dornan era parte do "clube dos antigos", ao lado de modelos lendários como Oriol Elcacho e Steve Gold, cujos *looks* eram testados, aprovados e, acima de tudo, vendiam bem. "O ressurgimento dos supermodelos não é um acontecimento apenas para garotas. Agora, mais do que nunca, as empresas estão retornando a seus modelos favoritos. Rostos familiares como o de Jamie Dornan vêm conquistando grande espaço nas campanhas", declarou uma revista de moda em 2009. "Enquanto rostos novos dominam as passarelas de Milão e Paris, os velhos conhecidos estão à frente das campanhas. Quando as exigências são tão altas quanto agora, a indústria se apoia em talentos já aprovados para vender seus produtos. Nada supera um rosto em que se pode confiar."

Giorgio Armani era uma das marcas que não se atrevia a correr riscos e, mantendo-se fiel à tendência da época, convidou Jamie para estampar a nova campainha ao lado da supermodelo russa Sasha Pivovarova. O casal estamparia a impressionante coleção primavera/verão e Jamie voltaria a trabalhar com a dupla de fotógrafos Mert & Marcus. As sessões de fotos com o elogiadíssimo casal foram estimulantes e traziam o ar de serem feitas em um set de filmagens. A criação foi incomum no sentido de examinava um fotógrafo permanecia atrás da câmera enquanto o outro examinava a "filmagem" em um laptop em um tripé. Cada vez que o obturador era acionado, os fotógrafos se reuniam em volta do monitor para discutir e ajustar os modelos ou os acessórios para a próxima imagem. "Eles sabem comunicar as ideias um ao outro usando poucas palavras", explicou uma pessoa de dentro da indústria da moda. "É quase uma linguagem secreta."

As fotos altamente estilizadas, embora imediatamente reconhecíveis para os seguidores da moda, não eram do gosto de todos. Fãs da fotografia com filme tradicional não ficaram nada contentes com o uso de câmeras digitais e com a forte manipulação de cada imagem na pós-produção. "Essas fotos tendem a ser luminosas, como se os sujeitos estivessem iluminados de dentro para fora, e trazem fundos ímpares, contrastes fortes e cores ricas", explicou uma revista de moda. "A pele e os cabelos dos modelos podem parecer feitos de plástico. Muitas das imagens têm uma qualidade formal, ensaiada, como as 93 fotografias de Hollywood de George Hurrell, mas com um brilho que se adequa à era do videogame. Em certos momentos, os modelos parecem quase sintéticos e, em certos aspectos, são, porque Mert & Marcus trabalharam muito bem na pós-produção. Eles são conhecidos por manipularem imagens. Fizeram fotos digitais e depois alteraram as imagens em uma tela de computador."

As fotos de Jamie para a campanha da Armani não foram exceção, e tanto ele quanto Sasha apareceram em um conjunto de imagens em preto e branco com um toque *art déco* da década de 1930. Jamie esbanjou charme ao posar com ternos imaculados que pareciam quase líquidos. E, graças ao uso de ferramentas digitais dos fotógrafos, ele transpirava sensualidade com seu físico perfeito.

A colega de trabalho, Sasha, com as maçãs do rosto proeminentes e os cabelos penteados para trás, era a combinação perfeita para Jamie, parecendo impressionantemente esculpida contra a fluidez de seu vestido branco. Aquele já era um cenário elétrico e Jamie e a colega russa – que tinha conquistado o segundo lugar na lista das 50 maiores modelos do mundo – tinham muito em comum. Assim como ele, Sasha nunca havia sequer sonhado em ser modelo. Estudava História da Arte na Russian State University quando um colega fotógrafo tirou sua foto e a entregou à agência de modelos IMG em 2005. Considerada a principal agência de modelos do mundo, com escritórios em Nova York, Londres, Milão, Paris e Sydney, a IMG ostentava um *pool* de rostos famosos que incluíam Heidi Klum, Tyra Banks, a amiga de Jamie Lily Aldridge, e sua ex-colega de campanha Gisele Bündchen. Sasha foi contratada imediatamente, assim como Jamie e, quando os contratos começaram a aparecer com frequência, ela não olhou para trás. Quatro anos mais tarde, enquanto posava ao lado de Jamie para a campanha de 2009 da Armani, já havia participado de seis temporadas de moda para a Prada e levava uma série de anúncios para grandes marcas no currículo.

Portanto, não foi surpresa o fato de a dupla dinâmica ter se tornado um hit instantâneo quando os anúncios da Armani foram lançados, seis meses depois. Os blogs de moda foram inundados com, literalmente, milhares de críticas apoiando o belo casal, e começava a parecer que toda campanha em que Jamie tocava se transformava em ouro. "Acho que o que faz uma boa campanha é uma combinação de tudo: modelos, roupas, fotografia e efeitos. Nesse caso, para mim, a campanha está perfeita", elogiou um fã. "Mert & Marcus fazem as fotos das MELHORES campanhas! PONTO FINAL! Amei essa também. Fico feliz por Jamie Dornan ter sido escolhido, ele complementa Sasha maravilhosamente", postou outro usuário em um fórum dedicado exclusivamente aos anúncios da Armani. Outra pessoa comentou: "Ah, Sasha, como eu te amo! E Jamie é lindo!".

Ainda mais adoração estava por vir quando, logo após essa campanha, Jamie recebeu um telefonema de seu agente na Select para dizer que a Calvin Klein havia entrado novamente em contato e o queria de volta. Essa seria sua terceira campanha para a grife e Jamie ficou impressionado com a oferta.

Dessa vez, os figurões da gigante global queriam que Jamie posasse com a bela atriz Eva Mendes não apenas em uma, mas em duas campanhas: Calvin Klein Underwear e Calvin Klein Jeans. Jamie e seu "franzir de cenho" já tinham ganhado reputação por produzirem fotografias extremamente sensuais ao lado de modelos femininas, mas essa campanha seria tão ardente que suas famosas poses sensuais com Gisele e Kate Moss ficariam sem graça.

Ele mal podia esperar para dar início ao trabalho e ficou muito animado ao conhecer a estrela de Hollywood que tinha no currículo filmes respeitados, inclusive os sucessos recentes *Hitch – Conselheiro Amoroso* e *Mulheres – O Sexo Forte*. A morena também havia sido eleita a mulher mais desejada de 2009 em uma pesquisa do site AskMen.com. E, quando a conheceu pessoalmente, ele não ficou decepcionado.

A locação era igualmente impressionante. Jamie e Eva viajaram com todas as despesas pagas e de primeira classe rumo a Palm Springs, na Califórnia, para passarem a semana fotografando. No luxuoso resort, que vê o brilho do sol durante todo o ano, as impressionantes paisagens e as praias particulares há muito tempo vinham sendo o playground de luxo dos ricos e famosos e formavam um pano de fundo incrível para as fotografias. Quando chegaram àquele paraíso, Jamie e Eva encontraram o renomado fotógrafo Steven Klein, que havia sido contratado pela Calvin Klein para fazer sua mágica.

Um dos mais influentes fotógrafos de moda de sua geração, Klein ficou famoso por suas imagens icônicas em estilo *risqué* de uma série de astros e estrelas, incluindo Brad Pitt, Madonna, Justin Timberlake e Naomi Campbell. Ele conseguia convencer os famosos a posarem para imagens carregadas de erotismo e essa sessão em particular carregava todas as marcas de suas lendárias imagens. Jamie e Eva teriam de ficar seminus nas fotografias em preto e branco nas quais ele, em certo momento, seguraria o seio nu da atriz. Usando apenas roupa íntima da Calvin Klein, Jamie tinha de se deitar sobre a bela estrela durante sessões que demoravam alguns minutos – algo nada fácil de fazer com uma pessoa estranha. Ademais, os dois haviam sido banhados em óleo pela equipe de maquiagem para que a pele brilhasse nas fotos – o que produzia cenas divertidas quando eles tentavam fazer poses diferentes e, às vezes, íntimas.

Para a sorte de Jamie, Eva mostrou-se amigável e acessível – e ainda melhor: ele a achou linda e a atração provou-se elétrica. "Estávamos em Palm Springs, tivemos uma semana toda a céu aberto, debaixo de sol. Na verdade, tivemos tempo de nos conhecermos, e ela é muito legal", ele comentou um pouco depois.

Jamie estava solteiro e impressionado com a beleza de Eva. Para ele, esse último contrato significava estar ainda mais perto de seu sonho de ser ator, já que fazia o papel de amante de Eva na tela enquanto Klein capturava cada movimento íntimo. "Eva é incrível – ela é, pessoalmente, do mesmo jeito que você a vê na tela. É muito divertida, muito sensual. Eu diria que é um modelo para as mulheres", elogiou-a posteriormente.

Era impossível negar a química e a Calvin Klein não poderia ter ficado mais feliz com o resultado. Jamie também ficou impressionado e claramente arrebatado pelo prestígio da campanha. "Calvin Klein Jeans e Calvin Klein Underwear são marcas americanas tão icônicas que ter um espaço nessas campanhas é uma verdadeira honra", comentou no lançamento. "Trabalhar ao lado da extremamente sensual Eva Mendes nos dois ensaios foi incrível."

Centenas de fotos em preto e branco foram tiradas por um Klein entusiasmado enquanto o casal posava com perfeição para a câmera. Ao final da semana, o lendário fotógrafo tinha uma enorme coleção de imagens incríveis do casal em várias poses escaldantes, incluindo uma com Eva esfregando o seio nu contra o corpo de Jamie e outra esticando-se sugestivamente sobre ele.

A campanha do outono de 2009 foi pensada para ser enorme, com anúncios aparecendo em todos os cantos, desde outdoors e paradas de ônibus até revistas e jornais de todo o mundo, incluindo publicações americanas como *Lucky*, *Elle*, *GQ*, *Vanity Fair*, *W*, *Nylon*, *Details*,

Interview e *InStyle*. Quando os anúncios chegaram às bancas, ficou claro que a mais recente campanha do modelo de 27 anos entraria para a história como uma das mais polêmicas. "O novo anúncio da Calvin Klein, com Eva, é revelador demais?", questionou a *The Insider* quando a campanha chegou à mídia *mainstream*. "Em uma fotografia do anúncio de roupa íntima, Eva é vista abraçando o modelo Jamie Dornan, que não usa nada além da cueca", descreveu outra publicação. "Em outra imagem para o anúncio das calças jeans, ela é fotografada tirando a blusa. Seus seios são cobertos apenas pelas mãos de Jamie. Seria demais?" A julgar pela exigência de alguns nova-iorquinos de que um outdoor de quase dois metros fosse imediatamente retirado, a resposta seria um sonoro "sim". O *Daily Mail* resmungou: "É mais uma prova de que as grifes estão testando os limites ao extremo para conseguir publicidade".

A prefeitura foi bombardeada por reclamações geradas pelo anúncio que ocupava toda a lateral de um prédio em um movimentado cruzamento da cidade. A imagem mostrava Eva e Jamie abraçados, ela com a mão nas calças justas dele. Enquanto os motoristas paravam para admirar o espetáculo, os habitantes da região reclamavam que o anúncio era "grosseiro demais para consumo do público", particularmente considerando que podia ser visto por crianças. E agora esses moradores exigiam que a imagem fosse retirada. Carl Wilson, um trabalhador do Queens, comentou: "Alguns de nós não queremos expor nossos filhos a coisas desse tipo. Beira a pornografia!". Críticos também alegavam que a imagem sugeria que ela estava prestes a tirar a cueca de Jamie, e que aquilo estava "inadequado" em um ponto tão proeminente da cidade. "É totalmente asqueroso", escreveu o autor de outro blog. "Nem todo mundo quer ver esse tipo de fornicação logo de manhã, no caminho para o trabalho. Alguém precisa entrar em contato com a Calvin Klein e fazê-los retirar aquilo. E agora!"

Eva afirmou que não havia nada errado com o anúncio e rebateu os críticos, insistindo que as imagens "calientes" com Jamie eram "lindas". Apontando o dedo para aqueles que se sentiam infelizes, ela declarou: "É um grupo religioso que tem problemas com a imagem.

[...] É isso que eu adoro neste país. Podemos expressar nossas opiniões e convicções. Mas eles estão errados. Não acho que eu esteja traumatizando crianças. Acho o anúncio de muito bom gosto e muito bonito".

Para cada insatisfeito, entretanto, havia um admirador, e os amigos de Jamie certamente estavam nesse último grupo. No entanto, enquanto se mostravam impressionados com o último trabalho, eles tinham muito material para provocações. "Os amigos telefonam para ele para provocar. Jamie certamente não vai alimentar seu ego com essa campanha tão cedo", revelou um amigo. "Eles o veem se contorcendo com uma atriz famosa, parecendo todo sério e carrancudo nos outdoors, e na noite anterior eles tomavam canecas de Guinness juntos no pub. Dornan aceita bem as brincadeiras e gosta de ser normal."

▪

A relação com a Calvin Klein era próxima e Jamie percebeu que eles o chamavam para mais e mais trabalhos. Em mais um passo positivo rumo à carreira nas telas, o modelo aceitou a oferta de ser o rosto da nova fragrância CK Free, que envolvia estrelar um mini anúncio para a TV.

Jamie foi ao famoso leito seco do lago siluriano em Baker, Califórnia, num calor infernal, junto com Fabien Baron – diretor criativo da Calvin Klein Jeans –, para trabalharem no comercial de um minuto. Os dois se deram muito bem durante as filmagens na paisagem desértica que parecia se estender por quilômetros.

Nas cenas românticas, Jamie dirige um Mustang pelas planícies ao pôr do sol antes de sair do carro com os braços estendidos e olhar para a lente da câmera. Essa cena foi repetida por Jamie anos mais tarde com sua esposa na lua de mel, mas agora o modelo apenas atuava em uma peça de propaganda.

Na época, a reação do público foi positiva. Mas essa reação foi ainda mais positiva em 2013, quando ele foi anunciado para o papel de Christian no filme da trilogia *Cinquenta Tons de Cinza* e o vídeo da propaganda foi revisto por fãs animadas no YouTube. "É claro que ele é o Christian... foi Christian esse tempo todo e sim, agora eles o encontraram para nós", escreveu a fã Sabrina Beaucage. "Esse é o verdadeiro Christian Grey. É um gato! Dá para perceber que Jamie é o ator perfeito para esse importante papel. Ele não vai decepcionar", escreveu a fã Maxine Wilkie.

Pessoalmente, Jamie ficou contente com o resultado do trabalho para a Calvin Klein; ele claramente aproveitou a oportunidade para atuar e fazer mais do que poses para fotografias. "Fabien é incrível. A mente dele é incrível. Ele é diretor criativo, estilista, fotógrafo, uma espécie de faz-tudo. E, ao mesmo tempo, é muito divertido. Foi uma alegria trabalhar a seu lado", declarou. "O pessoal da Calvin Klein é bom em me deixar ser eu mesmo e não me transformar em algo que não sou. Não precisei mudar, e acho que muitos dos rapazes que a gente vê nas campanhas acabaram de começar e já parecem uma marionete. É engraçado porque a carreira de modelo nunca foi algo que eu quis para mim", acrescentou.

Independentemente de Jamie querer ou não, sua carreira de modelo era levada a sério e mostrava-se tão lucrativa a ponto de ele ter de transformá-la em prioridade. Manter a boa aparência e o físico em forma eram essenciais para garantir clientes felizes. Para a surpresa de muitos colegas, ele admitia publicamente que detestava frequentar academias e que não tinha qualquer rotina de musculação. A contragosto, teve de adotar uma série de exercícios testados e aprovados para se manter em forma, o que ele fazia durante as filmagens. "Acabo tendo muito tempo livre, então uso esse tempo para trabalhar os braços e a parte superior do corpo fazendo variações de flexões", contou à revista *Men's Health* logo após a campanha da Calvin Klein. "O segredo é flexões todos os dias. Tenho como objetivo fazer 50 de manhã e muitas outras ao longo do dia."

Mesmo assim, o galã ainda gostava de comidas calóricas e de *junk food*, incluindo sanduíches com bacon, alface e tomate – e tinha uma queda por hambúrguer e fritas. "Adoro um hambúrguer bem gordo", admitiu. "Do tipo que o ketchup e a maionese sujam todo seu rosto. E também muita cerveja. Não presto atenção no que como, não entendo os caras que fazem isso. Comer é bom demais e, se você se sente mal com o que come, vá dar uma corrida. Sou obcecado por hambúrgueres. Assim que chego a um restaurante, peço um X-Bacon com fritas e só converso quando estou satisfeito, depois de devorar o hambúrguer."

Ele claramente não se envergonhava de sua dieta nada regrada e, no caminho para uma sessão de fotos para uma revista, chegou a comer "um sanduíche de bacon, uma baguete com frango assado, camarão e salmão defumado, uma garrafa de água e uma Coca-Cola".

Não havia tempo para delicadezas na vida de Jamie – ele não se importava muito em manter a boa aparência; a vida era para ser vivida, conforme as batalhas de seus pais contra o câncer haviam lhe mostrado. Noites na balada, bebendo com amigos, surfe e esqui estavam todos na ordem do dia, e nada impediria Jamie de se divertir. "Trabalhe muito e se divirta muito" claramente era uma espécie de mantra para ele.

Porém, a vida boa sofreu uma ameaça durante um feriado na montanha, quando ele sofreu um terrível acidente de esqui. Um esquiador talentoso, Jamie estava na montanha quando perdeu o controle e caiu no gelo. Os médicos então descobriram que ele havia fraturado o ombro. O tratamento foi complicado e, após suportar impressionantes quatro anos de dor constante, ele passou por fisioterapia, para corrigir o osso quebrado, e duas cirurgias.

▪

Jamie sempre se sentiu inseguro com a aparência; não entendia por que a indústria da moda o achava tão atraente. E agora, levantar peso e fazer flexões o deixavam agoniado. Manter-se em forma era uma das maneiras de Jamie controlar sua aparência e, pela primeira vez na vida, ele passou a gostar de ir à academia. "Sou bastante inseguro com relação à minha aparência e sempre serei pelo resto da vida", declarou. "Fico impressionado sempre que vejo alguém que se sente bem com sua aparência. Vejo essas pessoas e penso: 'Aquele cara tem braços melhores do que os meus! Ah, ele que se dane!'."

Muito embora fosse um dos homens mais lindos da mídia – e sua posição no Top 10 da revista *Cosmopolitan* provava esse fato –, Jamie não conseguia entender como as pessoas podiam ser tão vaidosas e passar horas se arrumando na frente de um espelho. "Nunca entendi essa coisa de 'meu corpo é um templo', embora o meu ajude a pagar o aluguel", comentou alguns anos mais tarde.

E havia, ainda, outra frustração: ele não conseguia suportar quando as pessoas pressupunham que ele não era inteligente ou educado apenas por conta da aparência ou do trabalho. A situação chegou a um ponto em que sua fama o possibilitava ter uma qualidade de vida absurda, mas Jamie começava a se irritar com o preço que tinha de pagar por isso – ser tratado como um idiota. Nada poderia estar mais distante da verdade e os preconceitos que ele enfrentava quase diariamente o deixavam ansioso. "As pessoas já partem do pressuposto de que você é um idiota. Aí você tira a camisa e elas dizem: 'Ele deve ser um idiota'. Sério, as pessoas me abordam e dá para ver nos olhos delas. Elas falavam *devagaaaaaar* com você. É tipo: 'Vamos falar sobre oleosidade no corpo. E loção pós-barba. E sua técnica para se arrumar.' Mas eu entendo. Quero dizer, se eu visse uma fotografia minha, talvez agisse da mesma forma."

A realidade, todavia, é que Jamie é filho de um médico, frequentou boas escolas, adora ler, jogar golfe, ir ao teatro e esquiar com os amigos endinheirados. Ele mantinha poucas ligações com membros da indústria da moda, exceto uma ou outra aparição para promover uma campanha ou participar de sessões de fotos – momentos tão breves que não havia tempo para fazer amigos próximos. "Na verdade, não tenho nenhum amigo modelo. Tem algumas pessoas que conheço, mas não saímos juntos para falar de moda enquanto tomamos, tipo, uma cerveja", contou, rindo, durante uma entrevista à Nylon TV. "Não é uma profissão de verdade. Algumas pessoas dizem que são modelos, mas o que você faz 'de verdade'? Ser modelo toma tão pouco do seu tempo."

Ao falar sobre onde gostaria de estar, ele acrescentou: "Todo grande personagem já foi feito e muito bem feito, então você fica esperando o *remake* em que vão escolher um cara magro e irlandês... como diz Steve McQueen". Jamie estava claramente desesperado por uma carreira no mundo da atuação. Os contratos glamorosos não pareciam fazê-lo resignar-se com um futuro na carreira de modelo, mas sim concentrar-se em dar um salto do mundo da moda para o cinema.

▪

Por sorte, e graças às incansáveis seleções, o tão desejado papel começava a surgir, mesmo que não viesse pelo caminho mais fácil. Jamie sabia que seria simples demais chegar ao mundo da atuação fazendo papéis de "amantes" ou "namorados", para os quais sua carreira de modelo havia formado o estereótipo perfeito.

Não é de se surpreender que quase uma década na indústria da moda havia deixado Jamie cansado de fazer o papel de rostinho bonito em algumas campanhas de moda e ser o bonitão na tela não parecia estar em seus planos. "Não vou tirar a camisa toda vez que estiver na frente da câmera. Isso é muito fácil. Procure no Google: 'Jamie Dornan Torso' e ponto. Já fiz fotos assim tantas vezes que não entendo mais como pode ser interessante."

Todavia, para seu alívio, Jamie finalmente conseguiu o papel que tanto esperava: o de um mendigo. Seu agente telefonou para contar que, após um teste surpreendentemente excelente, ele havia conquistado o papel em um filme britânico independente chamado *Shadows in the Sun*. Para esse personagem, Jamie não precisava estar bonito. Era um personagem interessante. Ele interpretaria Joe, um homem problemático que vive como nômade, mas que está cuidando de uma viúva mais velha que vive em uma parte remota da costa de Norfolk, levando-lhe maconha para diminuir as dores de uma doença.

Era exatamente o que ele buscava, pois se tratava de um papel completamente diferente dos personagens sensuais que vinha fazendo até então. A história se passava na década de 1960 e o personagem era muito complexo, um solitário misterioso que dormia na praia, dentro de um navio naufragado. Jamie teria de deixar uma barba desgrenhada crescer para o papel – um fôlego para o modelo que costumava passar horas com equipes de estilistas garantindo uma aparência imaculada para a câmera. "Foi incrível participar daquele filme. É uma obra bem pequena, não vai causar nenhum alvoroço. A história se passa na década de 1960. Pude cultivar a barba para o papel, e gostei muito disso. Sinto falta daquela barba, aliás. Eu a teria novamente, mas infelizmente agora não posso por causa da Calvin Klein."

Mas o melhor de tudo era que o filme lhe dava a oportunidade única de atuar ao lado da lendária Jean Simmons, então com 80 anos. Uma das mais brilhantes atrizes de Hollywood na década de 1950, ela teve uma carreira que se estendeu por duas décadas e a colocou ao lado dos monstros hollywoodianos Burt Lancaster, Kirk Douglas, Victor Mature e Marlon Brando.

O drama familiar marcava o retorno de Simmons às telas, naquele que, infelizmente, seria seu último filme. Trabalhar tão próximo de Jean era um sonho que se tornava realidade para Jamie. Embora inicialmente tenha ficado impressionado ao conhecer a lendária atriz, ele rapidamente se sentiu confortável com ela. Como os dois eram muito humildes, logo formaram uma amizade. E passaram a gostar tanto um do outro, com Jamie percebendo que tinha tanto a aprender com a estrela, que os dois mantiveram contato mesmo depois do fim das filmagens. "Não sei ao certo o que ele estava esperando. Talvez alguma diva da Sunset Boulevard", comentou a atriz duas vezes indicada ao Oscar e que crescera em Cricklewood, Essex, antes de se mudar para Hollywood. "Gosto de pensar que sempre mantive um senso de realidade. Acho que isso se deve à minha família, em especial ao meu irmão, cuja atitude sempre foi: 'Ah, legal, ela está trabalhando'", comentou Jean.

Jamie achava fascinantes as histórias que ela contava para ele e para o colega de elenco James Wilby, especialmente aquelas envolvendo o lendário ator Marlon Brando – um de seus maiores ídolos de todos os tempos. "Em um mundo perfeito, eu faria Stanley em *Um Bonde Chamado Desejo* [peça de Tennessee Williams]", confessou Jamie sobre o papel de seus sonhos. "Mas esse papel é intocável; Brando o fez e acho que a obra jamais deveria ser refeita."

Trabalhar ao lado de contemporâneos de Brando o deixou ainda mais certo de que havia nascido para a indústria do cinema. "Jean tinha algo como 79 anos quando trabalhei com ela. E quando penso em todos os filmes do qual participou e quão generosa e profunda ela foi... Preciso tomar cuidado aqui para não chorar. Ela começou ainda criança. Tinha tantas histórias para contar! Trabalhou com Marlon Brando e Frank Sinatra – no mesmo filme! Tenho certeza de que se cansou das minhas perguntas sobre eles. Jean me contou que um de seus primeiros trabalhos foi como dublê de Vivien Leigh. Eles a enrolaram em um tapete e a jogaram na piscina para filmar uma cena em que Vivien se afogava. Ela disse que ficou debaixo d'água pelo que pareceu ser um tempo enorme, mas que, quando voltou à superfície, descobriu que havia sido apenas alguns segundos. E deu risada. Depois começou a falar sobre *Spartacus* [versão de 1960]."

O filme estrelado por Jamie e Jean sugeria um romance desafiador, mesmo com a diferença de idade de cinquenta anos entre os dois, o que mais divertiu do que constrangeu o galã. "Eu de fato me apaixonei um pouco por ela", ele admitiu ao jornal *Evening Standard* alguns anos mais tarde.

Mesmo depois que o filme terminou, os dois colegas prometeram manter contato e Jamie foi almoçar com Jean diversas vezes em Santa Monica antes da morte da atriz, em janeiro de 2010, um ano após o lançamento do filme. "Ela era uma das minhas pessoas preferidas em todo o mundo", declarou. "Foi uma enorme perda. *Shadows in the Sun* foi seu último filme e ela era a pessoa mais incrível do mundo. Mantivemos contato – ela era hilária e teve o espírito de alguém de 21 anos até o fim da vida."

De muitas formas, trabalhar no filme causou uma impressão duradoura no jovem astro e, quando a obra foi bem avaliada no lançamento, durante o Dinard British Film Festival, ele se sentiu contente e aliviado. O lançamento nos cinemas britânicos, entretanto, trouxe um sucesso moderado e críticas mistas. "*Shadows in the Sun* se desenrola muito silenciosamente e poderia ser acusado de não ter um senso de urgência. Mas é bem feito, particularmente a parte de Simmons, que ainda tem o carisma de uma estrela", dizia uma avaliação no *Evening Standard*.

▪

Com o desejo de seguir em frente e conquistar toda a experiência possível, Jamie também concordou em aparecer em dois curtas. Para apoiar um jovem diretor chamado Will Garthwaite, com sua obra de 2009, *Nice to Meet You*, Jamie aceitou fazer o papel de um homem perseguido pela polícia que implora para uma mulher escondê-lo após pular no jardim nos fundos da casa dela. Ela concorda e a química sexual entre os dois torna-se clara, mesmo quando ele se vê no centro de um triângulo amoroso depois de dormir com sua filha. Estrelando Trudie Styler, esposa de Sting, e sua filha na vida real, Mickey, o filme de 20 minutos, que mostra as mulheres buscando vingança ao chamarem a polícia para prendê-lo, foi menos um exemplo das habilidades de atuação de Jamie e mais uma ilustração das pessoas com as quais ele estava se associando na época. A obra claramente não foi o ponto alto de seu currículo na atuação e, dois anos depois, um jornalista lhe perguntou sobre o papel no filme. Incrédulo, Jamie respondeu: "Não acredito que você viu aquilo!".

De forma similar, o aspirante a ator hollywoodiano fez o papel principal em *X Returns*, um curta que conquistou um prêmio no London Film Festival de 2009. Embora a aventura de 20 minutos tenha atraído pouca atenção, ela ofereceu a Jamie a oportunidade de mostrar suas habilidades de atuação e de trabalhar ao lado da bela Holly Valance, atriz da novela *Neighbours*. Um crítico de cinema notou na época: "Bem filmado, mas parece mais um trailer do que um filme propriamente dito. De qualquer forma, como não gostar de algo com Holly Valance?".

Jamie claramente havia sido bem recebido no meio da TV e do cinema de Londres e agora começava a ser convidado para participar de eventos e de estreias no tapete vermelho. Sua participação durante a festa do BAFTA em 2009 causou alvoroço entre os tabloides britânicos, pois ele foi visto com Emma Watson, estrela de *Harry Potter*. Amigos de Emma e Jamie afirmavam que o modelo da Dior estava decidido a ganhar a afeição da atriz. "Emma tem muitos admiradores e Jamie é um deles", contou um amigo ao *Sunday Mirror* na semana seguinte. "Ela é romântica, então ele teve que seguir pelo caminho tradicional e presenteá-la com chocolates e flores. [...] Jamie não está acostumado a ouvir não das garotas, então continua tentando. Quando a encontrar na próxima festa do showbiz, vai tentar outra vez. [...] Da última vez, vários rapazes estavam dando em cima de Emma, então Jamie sabe que precisa ser meio rápido."

Enquanto isso, sua carreira como modelo continuava um sucesso e ser o rosto da Calvin Klein começava a se tornar um rótulo do qual, por mais que quisesse, Jamie não conseguia se livrar. "Acho que fiz trabalhos demais como modelo, o que pode acabar sendo prejudicial. Faça muitas campanhas grandes e aí deixa de ser algo como 'ele tirou uma foto para nós'. Você se torna parte da marca. Isso aconteceu com a Calvin Klein. Então, existe um perigo de isso estar gravado na mente de muitas pessoas. Acho que será uma batalha constante contra esse rótulo", ele explicou.

Embora as palavras pudessem soar arrogantes, Jamie estava longe de ser assim. No mesmo mês em que o anúncio do CK Free foi lançado, ele concordou em conceder uma rara entrevista ao jornal *Daily Mail*, e o homem por trás daquele belo rosto e daquele abdômen bem definido foi revelado para quem quisesse ver. "O cara que é pago para ser bonitinho também é o tipo de cara com quem você gostaria de tomar uma bebida... Se ele não estiver indo a uma festa na sua posição de rosto da nova fragrância da Calvin Klein", destacou o jornalista. "Ele descreve o CK Free como sendo para 'rapazes de uma certa faixa etária, que conseguem ser livres e fazer o que quiserem antes de se prenderem'. E isso apenas ajuda a tornar Jamie uma excelente escolha.

O belíssimo modelo Jamie está solteiro, é cronicamente tímido, inteligente e tem a cabeça no lugar. Portanto, se você for uma mulher normal que gosta de homens normais e deseja aquele apelidado de 'Torso de Ouro', persiga-o."

Mas Jamie conseguiria continuar "normal" e "com a cabeça no lugar" para sempre? Ele havia conquistado o suficiente para manter o ego em boas condições até agora, mas, com Hollywood o procurando, certamente seria uma questão de tempo até seu lado "diva" sair do controle. Ou não?

Capítulo 11
Era uma vez a carreira de ator...

"Você passa alguns anos como modelo, recostando o corpo na parede e parecendo deprimido enquanto alguém tira sua foto, mas que Deus o livre de também conseguir atuar. Não estou dizendo que eu seja um excelente ator. Longe disso. Mas essa ideia de que é impossível fazer as duas coisas... Bem, isso vai me incomodar para sempre e é algo que vou combater!"

Enquanto Jamie enfrentava uma incansável batalha ao longo dos anos para se transformar em um ator reconhecido, cada teste em que seu agente o colocava se transformava em mais um golpe no ego. A viagem a Los Angeles para audições durante a temporada de pilotos havia se provado uma das experiências mais "desumanas" de sua vida e, apesar de ler centenas de falas para papéis em filmes e na TV, Jamie sentia que não havia se beneficiado com a experiência. O modelo experiente tinha se resignado com o fato de que não se sairia bem nos aterrorizadores testes diante dos diretores de elenco. "Ainda não sou uma daquelas pessoas que se sai bem em audições. Depois que consegui meu primeiro trabalho como ator, graças a Sofia, ainda passei algum tempo sem trabalhar. Se você já se perguntou por que alguns atores acabam aceitando péssimos trabalhos, é porque eles precisam pagar as contas. Ou simplesmente porque querem trabalhar."

Jamie estava desesperado para se tornar ator e, por fim, em 2011, teve a grande chance pela qual esperava desde que deixara o colégio, aos dezoito anos de idade: conquistou um papel em um importante drama da TV americana. Aproximadamente dez anos depois de deixar a Holywood irlandesa com uma promessa à família de que alcançaria sua ambição de infância, chegava a hora de colher as glórias. Jamie entrou na sala de testes e impressionou imediatamente. O trabalho era dele e os Dornan ficaram felizes e aliviados.

Ele sabia quão sortudo era por conseguir um papel tão cobiçado. Percebia que poderia ter seguido os passos de milhares de outros aspirantes a atores que vieram antes dele e que passaram anos fazendo papéis medíocres. Pelo menos Jamie havia feito alguns papéis pequenos enquanto ganhava fama mundial como modelo. "Estar em Los Angeles para a temporada de pilotos é sinônimo de ler algumas coisas realmente horríveis. Eu facilmente poderia ter ido parar em alguma produção ridícula", comentou. "Acho hilário quando os atores dizem: 'Foi isso. Eu li o roteiro e cheguei à conclusão de que tinha de fazer aquele trabalho'. Você tem sorte se conseguir um papel bom e aí tenta dar a impressão de que aquilo sempre foi seu plano."

"Quando você está na sala de testes com um diretor de elenco para algum filme muito, muito ruim, acaba vendo algumas gravações de atores muito famosos feitas para o mesmo projeto. Aí eles vão parar em algum filme independente e cultuado e são indicados a algum prêmio e agem como se jamais estivessem dispostos a fazer algo [como o filme ruim]. Mas eles fizeram o teste, sim. Só não conseguiram o papel."

O golpe de "sorte" de Jamie significava que ele finalmente poderia deixar a carreira de modelo para trás – até mesmo esquecê-la. "Eu estava há algum tempo tentando encontrar, em silêncio, uma forma de sair daquilo", admitiu para uma revista na época. "Estou tentando dizer categoricamente que não quero mais tirar fotos."

Jamie estrelaria a série americana *Once Upon a Time* criada pelos celebradíssimos atores Edward Kitsis e Adam Horowitz, responsáveis por sucessos como *Lost* e *Tron: O Legado*. Diferentemente do que costumava acontecer em seu histórico de fracassos em testes, Jamie rapidamente impressionou a dupla. "Assim que vimos Jamie, nós o adoramos e pensamos: 'Esse é o cara'", confessou Kitsis. "É muito talentoso!"

No drama exibido pela ABC, ele faria o papel do Xerife Graham, que posteriormente se transforma no Caçador da Branca de Neve.

A história se passa na cidade fictícia de Storybrooke, Maine, e se desenvolve entre os habitantes locais, que são personagens de contos de fadas transportados para o mundo real e que acabam tendo suas memórias roubadas por uma maldição.

Em vez de se preocupar com ser estereotipado como "o modelo da Calvin Klein fazendo o papel do xerife-galã do seriado", Jamie se mostrou animado ao encarar o desafio. O conceito da obra era interessante, o roteiro era atraente e o elenco, impressionante. "Tive sorte com *Once Upon a Time*. Foi o primeiro trabalho que fiz depois que me comprometi com a carreira de ator. Antes isso, eu só atuava de vez em quando e me divertia nos papéis", explicou.

Demonstrando mais uma vez que tinha subido os primeiros degraus da escada da fama, Jamie abriu uma conta no Twitter e passou a conversar com os colegas de elenco do programa. Pouco antes de viajar a Vancouver, no Canadá, para o início de três meses de filmagem, tuitou: "Meu último domingo em Londres antes de seguir rumo a Vancouver para *Once Upon a Time*. Emoções mistas".

Ao chegar ao set, ou seja, à pitoresca cidade de Steveston, perto de Richmond, alguns dias depois, o nervosismo pré-filmagem logo se desfez depois de um encontro com a equipe e o elenco. O famoso ator britânico Robert Carlyle, o astro escocês de blockbusters como *Trainspotting – Sem Limites* e *Ou Tudo ou Nada* – e que faia o papel de Rumpelstiltskin na série – logo se tornou um grande amigo. "Bobby é uma lenda em todos os níveis. Você conhece um grande ator quando tudo sai sem esforço", falou Jamie sobre o novo amigo. "Rapidamente nos aproximamos. Isso acontece com muitas pessoas de Belfast e Glasgow porque são lugares parecidos." O elenco incluía também a atriz hollywoodiana Ginnifer Goodwin no papel da Branca de Neve, e Jennifer Morrison (famosa por seu papel como a Dra. Allison Cameron em *Dr. House*), como a caçadora de recompensas Emma Swan. Ainda havia Josh Dallas no papel do Príncipe Encantado. Dallas e Jamie se tornaram bons amigos e os dois competiam por quem tinha mais seguidores no Twitter. "Estou competindo com @joshdallas para ver quem tem mais seguidores no Twitter. Ele está vencendo, o que é injusto, já que sou um cara um pouquinho melhor", escreveu Jamie em tom de brincadeira antes de retuitar a resposta de uma fã: "Ele é bonito, mas você é muito mais bonito! @JamieDornan1".

Para Jamie, que não tinha estudo formal na área de atuação, era hora de pular de cabeça e aprender rapidamente o trabalho. Ele apresentava algumas características na tela e havia desenvolvido um estilo de atuação assistindo a filmes, em particular observando Al Pacino e Robert De Niro em *O Poderoso Chefão*.

Sempre seguindo a abordagem "menos é mais", a carreira de modelo de Jamie também o havia transformado em um mestre do olhar demorado e o "cenho franzido" agora chegava às telinhas. "Não quero ser um exibicionista. Não estou interessado e não quero fazer isso", comentou sobre seu estilo de atuar.

A experiência foi uma enorme curva de aprendizado para Jamie, que agarrou o papel, particularmente o desafio de trafegar entre os dois lados de seu personagem: o Xerife e o Caçador. "Ele é durão, um cara muito malvado e, por ter sido criado por lobos, tem pouco contato com humanos e pouquíssima compreensão dos humanos. Só respeita os animais", falou Jamie sobre o complexo personagem. "Para muitos de nós, o bom desse programa é que temos dois personagens para encenar e você tem que estar o tempo todo consciente do outro lado. Quando está fazendo um, está pensando no outro." A colega de elenco Jennifer Morrison também ficou encantada com o programa, e comentou que os fãs de *Lost* gostariam da trama: "Basicamente, é como se todos os personagens das histórias infantis já escritas realmente existissem, mas foram amaldiçoados e não conhecem suas verdadeiras identidades. Eles vivem em nossa realidade sem saber quem realmente são. E, por isso, nunca terão um final feliz".

Jamie também sentiu uma verdadeira satisfação durante as cenas dramáticas ao lado de Lana Parrilla, que fazia o papel de Regina, filha do prefeito e contraparte da Rainha Má. "Se você é um personagem vulnerável e se posiciona contra algo e expressa sua opinião, a sensação é incrível. Meu personagem é vítima de *bullying* praticado pela Rainha Má e todos queremos enfrentar quem pratica *bullying*, mas raramente temos essa oportunidade. Por isso, gostei das cenas em que pude colocá-la em seu lugar", contou Jamie.

Entre as muitas oportunidades que *Once Upon a Time* lhe trazia estava a chance de trabalhar com um animal selvagem – um lobo –, o que, certamente, seria mais um extra para seu currículo futuro como ator. "Foi incrível trabalhar com o lobo, embora eu tenha sofrido um pouco de alergia!", tuitou Jamie. "Foi um processo realmente revelador. Nunca tinha trabalhado com um lobo antes. Tive muita sorte, mas ele às vezes sentia fome e ficava irritado e chateado e não queria parar onde deveria parar. Mas acontece com todos nós. Com frequência não queremos fazer as coisas, então por que um animal selvagem iria querer?!", acrescentou em uma entrevista.

Mesmo com os turnos de 14 horas que frequentemente se estendiam até o amanhecer, Jamie gostou do período de três meses como ator filmando no Canadá. "O tempo em Vancouver faz a Irlanda parecer a Flórida", comentou no Twitter logo que chegou à cidade. Algumas semanas depois, comentou: "Mais um dia impressionante no set de *Once Upon a Time* com Jen Morrison, Lana Parrilla e uma visita de Ginny Goodwin na hora do almoço. #amomeutrabalho".

Depois de passar um mês envolvido com o projeto, Jamie começava a sentir saudades de Londres. Ele tuitou: "Oito horas de fuso pode ser terrível! Preciso da Copa Mundial de Rúgbi para começar a afastar minha mente disso. #saudadedecasa". A exaustão também começava a bater e ele admitiu: "Filmei durante 13 horas hoje para #onceuponatime. E tenho mais uma cena para fazer! E amanhã será igual. Exausto. Trabalhar cansa!".

Porém, todo o trabalho duro valeu a pena. Quando estreou nos Estados Unidos, em outubro de 2011, a série faturou doze milhões por semana. E também conquistou milhares de fãs apaixonados – fãs não apenas do programa, mas também de Dornan. Num primeiro momento, Jamie talvez tenha sido rotulado como "o galã da série". Porém, muitos se impressionaram não apenas com sua aparência, mas também com sua habilidade para atuar. "Obrigado a todos pelas palavras! Não deixem de assistir #onceuponatime. Como eu disse antes,

QUALQUER COISA pode acontecer na terra dos contos de fadas. X", ele tuitou enquanto o programa era transmitido. "Cheguei a mais de dez mil seguidores! Que bizarro! Eu devo conhecer 17 de vocês pessoalmente. Aos demais, agradeço e tenho certeza de que são gente boa."

Até mesmo imitações da jaqueta de couro que ele usou no papel do Xerife surgiram em prateleiras de lojas de roupas na internet. O personagem de Jamie havia sido escrito para sete episódios, mas ninguém esperava a repercussão quando ele foi morto pela Rainha Má. Na ocasião, muitos dos fãs recém-conquistados usaram a internet para reclamar. "Sinto falta dele em todos os episódios. Graham/Caçador era um personagem incrível. Nenhum dos novos personagens compensa a falta que faz não ter Jamie!", escreveu um fã no YouTube. "Por que os caras bonitos precisam morrer nesse programa? Jamie Dornan era meu preferido!", escreveu a blogueira Jessica Standen em um fórum on-line. Outra escreveu: "Agora que a magia chegou a Storybrooke, eles precisam encontrar uma forma de fazer Graham voltar. Quero dizer, estamos falando dos autores de *LOST*. Façam o que quiserem, mas eu quero esse homem lindo de volta na minha TV todas as semanas!".

"Realmente gosto do programa #onceuponatime da ABC, mas senti que alguma coisa estava faltando no último episódio", provocou Jamie em sua conta no Twitter quando o oitavo episódio da série foi ao ar. "Minha nossa! Eu ainda estou em *Once Upon a Time*, agora como dublê de @Jared_Gilmore [Henry]. Faço todos os truques dele. Sério!", acrescentou, quando os fãs começaram a reclamar de sua ausência.

Jamie havia se tornado um nome conhecido e, em seguida, veio o assédio da imprensa, e os jornais e as revistas começaram a implorar por entrevistas, com as quais Jamie ocasionalmente concordava. "Jamie Dornan, 29, o modelo que ser transformou em ator, está trabalhando ao lado de Robert Carlyle no drama fantástico americano *Once Upon a Time*. Então nos aconchegamos na cama (e onde mais poderia ser?) com o belo rapaz da Irlanda do Norte", disse o *The Sun*.

"O carinho dos fãs é lisonjeiro. É o que faz o programa. Eles são essenciais em tudo relacionado a *Once Upon a Time*", declarou Jamie. "Sem dúvida é muito bom tê-los ao meu lado. Não vou ficar com todos os créditos; Graham é um personagem bem escrito e interessante. A reação à morte dele... Fico feliz por saber que as pessoas estejam preocupadas, mas acho que não precisamos procurar o FBI nem nada assim." Aliás, a preocupação dos fãs com a morte prematura do personagem de Jamie na série agora seguia um caminho bizarro e sinistro e os produtores executivos e autores da série, Adam Horowitz e Eddie Kitsis, começaram a receber e-mails com insultos e ameaças de morte por terem retirado Jamie do programa. "Acho que a questão da morte é algo grande. Matamos um personagem principal, o Xerife Graham (Jamie Dornan) e ainda recebo ameaças de morte por isso", revelou Kitsis. "A julgar pelo que eles [Adam Horowitz e Eddie Kitsis] me dizem, parece que as pessoas ficaram furiosas. Não quero trazer à tona outro tipo de ódio nem nada assim e não quero que os caras se vejam no meio de um fogo cruzado entre os fãs por causa do que fizeram. Mas não foi apenas escolha deles. Acho que devo aceitar como um elogio o fato de as pessoas se importarem tanto. Alguns e-mails grosseiros até passam, mas ameaças de morte... isso é ir longe demais", falou Jamie sobre o comportamento extremado dos fãs.

O ator era um sucesso e os produtores, que não queriam ignorar os protestos públicos pela morte do Xerife, colocaram-no de volta na série em cenas de flashback. A primeira reaparição no programa seria no ano seguinte em "Uma Terra Sem Magia", o último episódio da temporada. "Espero que todo mundo nos Estados Unidos assista ao último episódio da temporada de *Once Upon a Time* hoje. Vai ser bem legal", escreveu Jamie a seus seguidores no Twitter quando retornou ao programa.

A série se tornou tão popular que, no Reino Unido, o Channel 5 comprou os direitos de transmissão, estreando *Once Upon a Time* para um excelente público de dois milhões de expectadores.

O sucesso no Reino Unido era importante para Jamie e os roteiristas do programa mais uma vez expressaram a importância dele para o elenco. E prometeram que o ator Jamie seria mantido como convidado por quanto tempo quisesse. Era uma posição invejável para qualquer ator. "Eu diria que definitivamente existe a chance de ele voltar", confessou Kitsis logo após o retorno de Jamie para uma participação na série em 2012. "Ele pode estar morto no presente, mas está vivo em flashbacks, e adoraremos vê-lo de volta quando as agendas permitirem."

▪

Tantos elogios vindos de dois dos maiores roteiristas da TV poderiam ter, do dia para a noite, transformado Jamie em uma espécie de "diva". Porém, as visitas regulares a Belfast e a Londres e o contato com amigos da infância garantiram que ele continuasse extremamente humilde e com os pés no chão. No tempo livre, longe das câmeras, participava de festas no exterior, baladas no Soho de Londres com direito a degustação de uísques com antigos amigos e viagens frequentes a Nova York. "Meu amigo e cabelereiro Harry Josh realiza uma festa de aniversário incrível todos os anos no Gramercy Park Hotel, em Nova York. Minhas melhores noitadas são sempre em Nova York", admitiu.

Jamie também mantinha contato constante com seu antigo colega de banda, David Alexander, que arriscava uma segunda vez na carreira musical. Para apoiar o amigo, que agora fazia shows solo no Notting Hill Arts Club e no Ronnie Scott's, algumas das principais casas de Londres, Jamie teve de revisar suas visões sobre sua breve incursão na música, a qual havia anteriormente descrito como "terrível". "Soltei um pouco as rédeas na música porque havia outras pessoas envolvidas", contou ao *The Scotsman* sobre seu período como parte do Sons of Jim. "Mas eu não acreditava muito nas minhas capacidades pessoais. Essencialmente, não me sentia preenchido, mas nós nos divertimos muito. Eu faria muitas coisas de forma diferente se fôssemos voltar a trabalhar com música."

Ademais, Jamie começava a ser notado pelas ruas – mas, para sua alegria, isso ainda não acontecia com tanta frequência. "Duas garotas passaram por mim na rua. A primeira [enquanto apontava] disse: 'Ele é bonito?'. A segunda: 'Não, parece um louco'. Ei! Eu estava ouvindo!", contou Jamie aos fãs no Twitter. "Em um café. Perguntaram meu nome para o pedido. Eu disse 'Jamie', e o atendente: 'Está bem, Jimmy'. Eu falei 'Não, é Jamie', e ele 'Ah, Jerry'! Eu falei: 'Está bem'.".

Mesmo ao ser um dos jurados em uma competição de roupas íntimas da Calvin Klein em Londres, Jamie conseguiu aparecer sem ser reconhecido. Um olheiro de sua agência de modelos o abordou na rua e perguntou se ele gostaria de participar de um concurso europeu para encontrar o próximo grande modelo. O prêmio era uma viagem de luxo à África do Sul e um contrato de um ano com a Select. "Eles me pararam na frente da TopShop e pensaram que eu poderia participar da competição. Pensaram que eu entraria para esse mundo das aparências. A pobre garota disse: 'Sou da Calvin Klein. Você gostaria de ser modelo de roupa íntima?'. Respondi que não e ela insistiu: 'Por favor, será legal'. E eu disse: 'Hum, não, não, não'. Aí ela me seguiu pela rua e me passou seu telefone. Mas é claro que não entrei para o concurso!", contou.

A vida ia bem para ele e ainda melhor quando ele estava em Belfast. O pai e a madrasta tinham construído juntos uma casa confortável para a família, e Jamie, com as duas irmãs, viajavam frequentemente para lá. Retornar à cidade, para o Dia de São Patrício e, mais importante, para o Natal – uma ocasião em família com "muita Guinness da estação" que Jamie jamais deixava passar –, era uma oportunidade de rever os entes queridos e se recompor. Também ajudava a mantê-lo com os pés no chão. Jamie tuitou logo após terminar as filmagens de *Once Upon a Time*: "Em casa, em Belfast. Encontrei meu pai decorando a casa de verde. Muito agradável! #nãohálugarcomonossacasa".

A família era incrivelmente importante para Jamie; aliás, mesmo com todo o sucesso dos últimos anos, a família continuava sendo o mais importante e ter se tornado tio era seu maior orgulho. "Uma das minhas irmãs está esperando a primeira filha. Para ser sincero, isso é o que há de mais legal na minha vida agora. Serei o melhor tio do mundo, ou pelo menos esse é o plano. Mal posso esperar!", disse ao *Evening Standard*.

Jim também se sentia orgulhoso por se tornar avô pela primeira vez e admitiu que, apesar de ter feito o parto de milhares de crianças, era sempre uma ocasião especial quando uma criança chegava à família. "Não me sinto um avô. Me sinto mais como um irmão, o que soa ridículo, mas gosto demais de crianças", admitiu alguns anos depois. "E Samina está realmente se divertindo com nossa neta, Delphine, que obviamente é um gênio. Já sabe contar até 20 e não tem nem dois anos!!!"

Em maio de 2012, Jamie estava prestes a completar 30 anos e aquele era um bom momento para refletir sobre tudo que ele havia conquistado na vida. "Estou muito animado. Mesmo tendo amado viver minha segunda década em Londres, agora estou mais preparado e mais satisfeito pessoal e profissionalmente", admitiu na ocasião.

E, mesmo com a agenda profissional lotada com a nova carreira de ator e a vida social ao lado dos ricos e famosos de Hollywood, havia algo mais importante: Jamie tinha se apaixonado. Três anos antes, o ator deu sinais de que havia encontrado alguém realmente especial. Ele contou a um jornal: "Não, não estou solteiro. Estou em um relacionamento muito sério". Embora na época o relacionamento estivesse começando e Jamie quisesse preservar a privacidade, ele estava certo de que tinha encontrado a mulher perfeita. Mas quem seria a mulher de sua vida? Será que ela realmente conseguiria fazer do solteirão convicto Jamie, tão desejado por milhares ao redor do globo, um homem, de fato, inteiramente feliz? Somente o tempo poderia dizer, mas o fato é que, na vida romântica do ator, as coisas certamente pareciam promissoras.

Capítulo 12
Apaixonando-se

A beleza de Amelia Warner é de tirar o fôlego. Jamie foi apresentado à atriz por amigos de Los Angeles durante uma viagem a Tinseltown em 2009 – e, a julgar por todos os relatos, o encontro foi divino.

Amelia era uma atriz popular e com a carreira já estabelecida, com uma série de filmes e programas de TV no currículo. Gostava de ler obras clássicas, era uma talentosa musicista, adorava devorar sanduíches muito calóricos em cafés escondidos pela cidade e, ainda por cima, amava uma caneca de Guinness. Não poderia ser mais perfeita para o obcecado por hambúrgueres e louco por livros Jamie Dornan.

As similaridades eram muitas. Amelia já tinha experimentado o lado mais escuro da fama após namorar e "se casar" com o astro Colin Farrell durante a adolescência. Assim como acontecera com Jamie na relação com a atriz Keira Knightley, Amelia havia enfrentado sua parcela de fãs enlouquecidos, paparazzi intrometidos e o papel de ser "mais uma" em eventos no tapete vermelho durante seu romance de um ano com o ator.

Seria justo dizer que Jamie e seu novo amor não seriam o tipo de casal que desejava a fama como as celebridades costumam desejá-la. Os dois tinham enfrentado dificuldades similares em suas carreiras, particularmente porque compartilhavam de um desgosto e um terror pela cena dos testes de Los Angeles.

Na época do primeiro encontro de Jamie e Amelia, ele ainda era um novato na implacável temporada de pilotos, quando milhares de atores tomam Hollywood durante a primavera para participarem de testes para os papéis disponíveis; ela havia feito o primeiro filme aos 17 anos e também tinha saído frustrada de todo aquele processo. Amelia não era a única estrela de Hollywood a detestar a temporada anual de testes. A atriz Leslie Grossman, de *Miss Simpatia 2: Armada e Poderosa*, falou sobre esses eventos: "O processo de tentar ser parte de um piloto pode ser arrepiante, abalador, dar frio na barriga, ser estressante, devastador, de subir à cabeça e de arrepiar os cabelos, só para citar algumas das emoções que eles fazem brotar. Imagine um monte de animais selvagens que não comem há um ano e alguém lança um enorme bife cru na frente deles. Bem, assim é a temporada de pilotos para os atores".

Acostumada à competição, rejeição e incerteza constantes do mundo da atuação, Amelia admitiu que sua forma de lidar com isso era ignorar o lado competitivo de sua personalidade. "Sou ambiciosa, mas não competitiva. Ficaria louca se fosse. Sabe, tem trabalhos para todos nós por aí", comentou quatro anos antes de conhecer Dornan. "Não quero falar sobre o quanto eu odeio Los Angeles. É inglês demais dizer que odeia Los Angeles. Gostaria de dizer que adoro, mas não adoro. É um lugar muito esquisito. Se eu tivesse escolha, não passaria um dia sequer lá. Tudo fecha às 11 horas da noite. E todos acham que são superloucos e ferozes e liberais, mas não são! Muita coisa acontece aqui, mas acontece em outros lugares também."

O Reino Unido – mais especificamente Londres – era claramente onde o coração de Amelia estava. E, por coincidência, ela havia crescido a apenas dez minutos do apartamento de Jamie em Notting Hill, na zona oeste da capital inglesa. Assim como o novo namorado, adorava passar os fins de semana visitando lojas de itens de segunda mão e roupas antigas do famoso mercado da Portobello Road e jantar em um dos restaurantes favoritos de Jamie na região, o Electric Diner.

As infâncias de Jamie e Amelia, todavia, haviam sido completamente diferentes. Enquanto a formação idílica de Jamie foi passada com os pais, na enorme casa no arborizado subúrbio de Belfast, Amelia foi criada por uma mãe solteira (a atriz Annette Ekblom) em uma propriedade em Ladbroke Grove. Seguindo os passos da mãe, que participou do elenco original de *Blood Brothers*, Amelia se envolveu com o teatro ainda adolescente – assim como Jamie – e foi notada por um olheiro enquanto atuava em uma peça no colégio. "Comecei a atuar no colégio em Herefordshire e sempre gostei, embora eu não achasse que necessariamente ganharia a vida assim. Meu plano era me matricular na Goldsmiths College e estudar História da Arte, mas alguém me viu em uma peça na escola e me disse que eu deveria conhecer um certo agente", contou ao *The Telegraph*. "Comecei a receber propostas de trabalhos e acabei adiando minha passagem pela universidade."

Em seguida, vieram uma série de papéis na TV inglesa, incluindo em *Kavanagh QC*, *Casualty*, *Waking the Dead* e na minissérie *Aristocrats*, da BBC. Hollywood logo a procurou, e Amelia se viu estralando o filme americano *Palácio das Ilusões* ao lado de Lindsay Duncan e Jonny Lee Miller, e também *Don Quixote*, com John Lithgow e Bob Hoskins.

Em 2000, ela participou da adaptação do romance *A Força de uma Paixão*, de R.D. Blackmore, produzida pela BBC. Amelia fez o papel de Lorna, personagem principal. Mais tarde naquele mesmo ano, aos 17, foi escolhida para fazer o papel da noiva que é corrompida pelo Marquês de Sade no sucesso cinematográfico *Contos Proibidos do Marquês de Sade,* estrelando Geoffrey Rush, Kate Winslet e Michael Caine.

Apesar de trabalhar ao lado de tantos grandes nomes de Hollywood – um feito incrível para uma atriz tão jovem –, o mundo da atuação havia deixado um gosto amargo na boca de Amelia. De fato, espelhando os sentimentos de Jamie com relação à carreira de modelo, ela sabia que o cinema não era seu verdadeiro chamado. "Fui lançada nas profundezas desse mundo, mas eu não esperava nada disso", comentou ao falar de seu importante papel em *Contos Proibidos do Marquês de Sade.* "Foi algo esmagador e, quando eu estava no set, os momentos de que mais desgostava eram as filmagens das minhas cenas. Ser atriz parecia errado, e eu não entendia o motivo disso. Pensei ter sorte por conseguir o trabalho, mas nunca me sentia feliz."

Entre os doze filmes de Amelia, após sua pequena participação em *Palácio das Ilusões*, de 1999, no qual ela fez o papel da jovem Fanny

Price, também estava o thriller sci-fi, *Aeon Flux*, de 2005, no qual ela fez a irmã de Charlize Theron, quando tinha 23 anos.

Depois, em 2008, com 26 e um ano antes de conhecer Jamie, Amelia desistiu de tudo. Cansada de ser "totalmente infeliz" como atriz, decidiu buscar uma carreira na música. Era algo com que ela sempre sonhara, alegando que cantar e escrever músicas sempre fora parte integral de quem ela era, e citando trilhas sonoras de filmes como suas maiores influências. "A pressão constante de precisar me provar como atriz não funcionava comigo. Acabei me irritando com o mundo da atuação porque meu coração nunca esteve realmente envolvido. Eu participava de testes diante de 30 pessoas em Los Angeles. O *feedback* que sempre recebia era que eu não queria o papel", ela explicou. "Eu estava disputando com atrizes que lutariam com unhas e dentes por um trabalho, mas eu não tinha aquela paixão. Não queria sofrer e passar por momentos de nervosismo. E me sentia exposta e julgada o tempo todo. Então, achei que era melhor sair de cena. A música é minha alma gêmea, mas esse sentimento foi o que me impediu de fazer música por tanto tempo. Pensei que poderiam me julgar também nesse aspecto, o que seria devastador. Mas pelo menos tenho a paixão e ela me ajuda a enfrentar os problemas."

Sob o nome "Slow Moving Millie" – uma brincadeira entre amigos e familiares, que sempre a haviam conhecido como "A Millie que quer ser musicista profissional" –, Amelia passou dois anos cantando, tocando piano e escrevendo músicas. "Passei tanto tempo tentando encontrar o que queria fazer que o nome Slow Moving Millie acabou se tornando uma brincadeira, porque demorei muito para descobrir. Fui atriz, e isso é algo diferente para mim. É uma identidade separável", ela descreveu.

Todo o escrutínio inevitável do público que vinha com o fato de ela ser uma atriz famosa também lhe parecia desinteressante, conforme ela descobriu durante o relacionamento de um ano com o ator irlandês Farrell, quando ainda era adolescente. O casal se conheceu na estreia do filme *Contos Proibidos do Marquês de Sade*, em setembro de 2000, e um noivado veio logo em seguida. Porém, eles estamparam as manchetes quando se casaram em segredo em uma praia no Taiti, apenas para enfrentarem uma separação quatro meses depois. Com uma serenata de ukuleles e "sem familiares convidados", o casamento foi completamente sensacionalizado pela imprensa, que incluiu relatos de que Farrell teria tatuado o apelido "Millie" no dedo anelar.

Porém, graças ao desejo de Amelia de colocar os pingos nos is, posteriormente veio à tona o fato de a união não ter qualquer valor legal. "Não chegamos a nos casar de verdade... Não foi de verdade. Acho que fomos educados demais para negar. Tivemos uma cerimônia no Taiti, que de forma alguma era considerada legal. E sabíamos disso. Foi apenas uma coisinha que fizemos durante as férias. Fomos alimentar tubarões e depois fizemos a cerimônia. Agendamos os dois eventos na recepção do hotel", ela contou ao jornal *The Sun* alguns anos depois. "Realmente, não existiu um casamento secreto para o qual ninguém foi convidado. Foi adorável, uma bobagem doce, mas de forma alguma algo sério. E minha mãe achou muito engraçado."

Amelia deixou o ator em novembro de 2001 e ambos se mostraram bastante entristecidos. "Eu o amei muito", ela contou ao jornal *The Observer* vários anos depois. "Passei os momentos mais incríveis da minha vida com ele. Era um parceiro fantástico. Eu teria me casado de verdade com ele. Mas éramos novos demais. Eu tinha coisas a fazer e ele tinha coisas a fazer." Farrel se sentia igualmente abalado. "Eu estava loucamente apaixonado. Jesus, foi uma coisa inacreditável. Eu a pedi em casamento; tinha uma aliança. Houve um momento quando achei que passaria o resto da minha vida com aquela garota. Não durou muito, e assim foi." Logo após o fim do relacionamento, Farrell ficou conhecido como uma espécie de "bad boy" de Hollywood, preenchendo seus dias com modelos da *Playboy*, *sex tapes*, festas regadas a cocaína e uísque e reabilitação.

Annette, mãe de Amelia, claramente não achava que o irlandês havia sido má influência para a filha; aliás, ele havia conquistado Annette durante o namoro com Amelia. "Não reconheço nada disso que venho lendo sobre Colin. Ele nunca falava palavrões ou se comportava dessa maneira", ela falou a um jornal após o fim do relacionamento, quando Farrell estampava as manchetes exibindo seu mau comportamento. "De fato, quando ele estava com Amelia, sempre se mostrou muito gentil. Vem de uma família legal e era um cara adorável, educado e comportado. Só posso imaginar que esse comportamento de 'bad boy' tenha a ver com a carreira, que parece estar decolando. Ele deve estar se dedicando demais ao trabalho."

Não que Amelia precisasse de proteção; por trás de sua aparência dócil e angelical, estava à espreita uma garota urbana, resoluta e elegante, que aos 22 anos, foi suficientemente corajosa a ponto de dizer a um jornal que havia comprado vibradores para presentear todas as amigas no Natal. "Acho que toda mulher deveria ter um. Não consigo acreditar que elas não tenham! Sempre dizem: 'Ah, não, eu não poderia comprar algo assim para mim. Mas, se outra pessoa comprasse um e me presenteasse...'", ela comentou.

▪

Quando Jamie e Amelia se conheceram, ela havia se tornado uma musicista mais calma, mas, ainda assim, incrivelmente talentosa e atraente. "Ela é linda! [...] delicada como uma garota abandonada, com uma vastidão naqueles olhos, um sorriso capaz de encantar todo um auditório e uma pele luminosa e brilhante como a lua. É equilibrada, meio sujinha, meio princesa", um crítico certa vez a elogiou. "A *liiiiiinda* atriz e musicista é tímida, charmosa e extremamente talentosa. Suas canções são perfeitas!", avaliou um blogueiro de música em 2010.

Independentemente das primeiras impressões de Amelia acerca do belo Jamie, não deixa de ser curioso pensar que ele havia recentemente sido comparado ao famoso ex da musicista, uma vez que Dornan era visto dentro da indústria cinematográfica como "o novo Colin Farrell". "Ele é irlandês, tem cabelos escuros e pode cultivar uma bela barba, então está sendo promovido como o próximo Colin Farrell", declarou o *Mail on Sunday*.

A união de Jamie e Amelia não poderia ter vindo em um momento mais animador de suas vidas. Ambos haviam finalmente encontrado um novo caminho; aliás, haviam passado por uma espécie de "troca de rumos" – Jamie havia escolhido ser ator, desesperado por esquecer sua carreira no Sons of Jim, ao passo que Amelia, a musicista, afirmava que não queria voltar a atuar. Suas experiências passadas em profissões reconhecidamente complicadas certamente teriam ajudado um a se solidarizar com o outro enquanto eles tentavam chegar ao topo de suas carreiras escolhidas.

Enquanto Jamie atuava em seu primeiro papel para a TV, em *Once Upon a Time*, a carreira musical de Millie também decolava. Em julho de 2009, ela havia escrito e apresentado a canção "Beasts" para um comercial da Virgin Media TV, e um segundo single, "Rewind City", também fora usado para outro anúncio, dessa vez da gigante de telefonia móvel Orange. Em outubro de 2011, Amelia por fim alcançou seu sonho: assinou com a Island Records antes do lançamento de seu cover da canção "Please, Please, Please, Let Me Get What I Want", de 1984, do grupo Smiths, que havia sido escolhida como trilha sonora do comercial de Natal da loja John Lewis naquele ano.

Em 2011, eles passaram a morar juntos quando Amelia se mudou para a casa que Jamie anteriormente havia dividido com seu pai em Notting Hill. Apesar de o relacionamento ser mantido às escondidas, o orgulhoso Jamie claramente não conseguia esconder sua empolgação por Amelia, e escreveu no Twitter: "Todos no Reino Unido, entrem no iTunes ou vão até uma loja de discos e comprem 'Please Please', da maravilhosa Slow Moving Millie. O lançamento é hoje. @Missmillieuk".

Dois meses mais tarde, Amelia lançou seu primeiro álbum de estúdio, *Renditions*, que incluía dez covers "tranquilos" de hits dos anos 1980. A coleção foi escolhida pela Amazon como Álbum da Semana e, embora tenha sido bem recebida pelos críticos e amantes da música, só chegou à posição de número 89 nas paradas britânicas.

Seu single de Natal, entretanto, chegou à posição de número 31 no Top 40. Amelia ficou extremamente feliz. "Quando assinei o contrato com a Island Records, foi um alívio. Foi assustador deixar para trás um trabalho que estava me rendendo dinheiro. Fiquei com medo de me arrepender, mas esse contrato me provou que não foi uma loucura deixar tudo para trás", ela comentou na época.

Outra decisão recente de Amelia – ir morar com Jamie – também havia se provado um sucesso e ficava claro para todos que eles formavam um casal profundamente apaixonado. Uma viagem de duas semanas a Los Angeles, onde Amelia estava escrevendo seu disco, permitiu ao casal se entregar a algumas de suas paixões em comum, incluindo um show do Dr. Dog, visitas a velhos amigos na cidade e "um café da manhã tipicamente americano, com panquecas e bacon torrado" em um restaurante. A cidade californiana tinha se tornado uma segunda casa para o casal, onde, conforme Jamie confessou, eles tendiam a passar metade do tempo "bebendo, jogando tênis de mesa e descansando sem fazer nada", sem serem perturbados por seu *status* de celebridade.

Os laços de família eram fortes e Jamie continuava fazendo visitas regulares a Belfast, frequentemente com Amelia, cuja natureza humilde faria sucesso com o pai e com a madrasta do ator. As irmãs de Jamie, Liesa e Jessica – uma trabalhava para a Disney, a outra era mãe de dois filhos com menos de três anos –, também estavam por perto, vivendo em Londres e na Cornualha.

De fato, era uma vida abençoada e, em Londres, o casal desfrutava de noites tranquilas assistindo a programas *trash* na TV. Amelia adorava *The X Factor*, e Jamie admitiu que assistia a *The Real Housewives*. "Meu gosto por assistir ao programa *Don't Tell the Bride* está preocupantemente deixando de ser irônico para se tornar genuíno... É hora de desligar a TV", tuitou Amelia em 2011.

O casal também dividia o amor por Elvis e um passeio memorável – no mínimo inusitado – naquele fim de ano foi ver um show do cantor Engelbert Humperdinck no Royal Albert Hall, em Londres. "Foi uma coisa bem por acaso, mas foi a melhor noite, incrível. Humperdinck estava com a camisa desabotoada e tinha um ventilador apontado para ele. Entre as músicas, contou piadas e histórias sobre Elvis e Marilyn Monroe. Foi incrível", contou Amelia em uma entrevista. "O homem, a lenda, Engelbert Humperdinck. Não sei o que dizer. Um herói!", tuitou Jamie na manhã seguinte.

Detalhes íntimos do relacionamento de dois anos também foram relatados por Amelia ao blog *The London Chatter.* Ela descreveu a imagem de dias tranquilos e noites confortáveis com "meu amor". "Não sou muito fã de coquetéis, então [uma noite com bebidas] teria de ser uma caneca de Guinness no The Coach and Horses, no Soho, com alguns amigos queridos", revelou. "Encontro romântico seria espaguete pomodoro, vinho tinto e luz de velas no The Ripe Tomato da All Saints Road, com meu amor. O *brunch* é em casa com Bloody Mary e as fritas do meu amigo Markus. Local secreto: Cork and Bottle, uma adega escondida longe da loucura da Leicester Square. Perfeito para um jantar mais tarde da noite."

No ano seguinte, veio uma viagem a Paris e uma "obsessão" conjunta pelos Jogos Olímpicos, que foram realizados em Londres. Jamie pareceu particularmente encantado ao ver a Tocha Olímpica passar perto de sua casa em Londres e admitiu que assistiria avidamente aos jogos pela TV.

Outro grande passo para o casal foi comprar uma segunda casa em Cotswolds, um retiro rural no interior de Oxfordshire popular entre ricos e famosos como Kate Moss, Liz Hurley, Lily Allen e Hugh Grant. O local era lindo e ideal para criar uma futura família. "É ótimo para sair de Londres nos finais de semana", falou Jamie sobre a propriedade em 2012. "Então, agora são dois financiamentos." Para ele, um esconderijo no interior talvez fosse necessário. Após tirar a sorte com o papel em *Once Upon a Time,* o ator também conseguiu um papel no drama *The Fall*, da BBC2 – e, dessa vez, faria o personagem principal. Apesar disso e de estar à beira de alcançar fama mundial, ele afirmava que os paparazzi não teriam interesse na vida do casal. "Tenho 31 anos, e não 21. Não saio de discotecas às cinco horas da madrugada. Quem se interessaria por um *nerd* como eu? Sério, quando ouço que sou bonitinho e charmoso, tenho a sensação de ser um buldogue francês", declarou. E acrescentou em outra entrevista: "Meu nível de fama não tem impacto em minha vida".

▪

Era verdade dizer que, exceto por terem duas casas, tudo mais na vida do casal era "normal", sem sinais de eles viverem como o estereótipo das estrelas de Hollywood. "Eu desprezo extravagâncias. Não voo em jatos particulares. Não tenho guarda-costas e não compro coisas de grife. Tenho uma casa, dois cachorros, um relógio de pulso. Isso é suficiente para mim", contou à revista *Glamour* polonesa.

Ele também detestava a ideia de ser famoso, assim como Amelia, que, em 2013, passou por outra mudança profissional depois que sua carreira como musicista esfriou. Ela agora havia conquistado outra ambição de sua infância: abrir uma loja de roupas. Batizada de Found and Vision e trabalhando com "moda, móveis e outros itens" vintage, a loja ficou popular entre fashionistas e celebridades como Kate Moss, Sienna Miller, a cantora Florence Welch e a *it-girl* londrina Mary Charteris. Ficava localizada em um lugar conveniente: perto da casa do casal em Notting Hill. "A Found and Vision é uma das famosas butiques vintage de Londres. Localizada no coração da Golborne Road, a loja traz tesouros que variam de Ossie Clark a Lanvin", elogiou a revista *i-D*.

Amelia, que adorava moda e a área boêmia de Kensal Rise desde que se mudara para lá, quatro anos antes, parecia tão contente e pessoalmente satisfeita quanto Jamie, que dava grandes passos em sua carreira como ator. Ela também havia sido bem recebida pela família Dornan e um futuro juntos parecia inquestionável para os dois.

Como mandava o figurino, Jamie a pediu em casamento e, para a alegria das pessoas mais próximas do casal, a cerimônia foi marcada para 27 de abril de 2013. Seria um evento discreto na badalada Babington House, em Somerset, com a participação de amigos e familiares próximos.

O hotel em estilo casa de campo – uma ramificação da Soho House, em Londres, frequentada por pessoas da mídia – era um espaço popular para casamentos de celebridades graças à privacidade que oferecia dentro dos seus 18 acres no interior britânico. A cerimônia aconteceu em uma capela do século XVIII e foi seguida por uma recepção de luxo regada a champanhe no restaurante bastante aclamado. Entre os casais que haviam anteriormente trocado alianças nesse retiro estavam

James Corden e Julia Carey, Fat Boy Slim e Zoe Ball, e Amanda Holden e Chris Hughes.

Com a data definida e os preparativos em andamento, Jamie, que havia recentemente enfrentado meses filmando, aproveitou uma pausa tão necessária com a futura noiva. Quatro meses antes das núpcias de abril, o casal desfrutou de férias em uma praia em Miami. Foram vistos se abraçando no mar, com Jamie usando sunga vermelha e Amelia linda com um biquíni branco e os cabelos escuros caindo por sobre os ombros. "Jamie e Amelia claramente formam um casal apaixonado. Não conseguiam manter as mãos longes um do outro enquanto nadavam juntos no mar. Ambos estavam bronzeados e lindíssimos. São o tipo de casal que as revistas de luxo disputariam para estampar suas páginas", comentou um observador.

Foi muito bom o casal ter desfrutado dessa pausa enquanto podia, pois os dias que antecederam o casamento foram agitados. Uma semana antes da cerimônia, Jamie estava envolvido na enorme promoção do drama policial *The Fall*, que seria lançado na BBC2 em menos de um mês. Também recebia críticas positivas a respeito de seu papel na série, o de um pai amoroso que se transformava em serial killer. E, embora esperasse relaxar para o maior dia de sua vida, convites da imprensa continuavam aparecendo aos montes. "Conhecemos Jamie Dornan uma semana antes de seu casamento", escreveu um jornalista do *Sunday Times.* "Seus óculos e telefone estão sobre a mesa. Com apenas 31 anos, ele faz seu primeiro drama para a BBC. A família deve vir a seguir – tudo está se encaixando na vida do ex-modelo."

De fato, tudo parecia acontecer de uma vez. Jamie havia passado a noite que antecedeu a entrevista ao *Sunday Times* escrevendo seu discurso de casamento em um restaurante da Portobello Road, quando lágrimas escorreram por seu rosto. O casamento é um grande dia na vida de qualquer noivo, mas, para Jamie, a ocasião seria particularmente emotiva. Embora tivesse encontrado a mulher de seus sonhos, a mulher que o havia criado, sua adorada mãe, não estaria lá para testemunhar o acontecimento. Também era uma chance única de reunir todos aqueles que ele amava em um único local para celebrar seu amor por Amelia. Além de Jim, da madrasta Samina e das irmãs Liesa e Jessica, oito dos padrinhos eram amigos de sua cidade natal. "Meu coração vive em Holywood", ele admitiu.

Seus colegas de infância já o tinham deixado orgulhoso com uma despedida de solteiro de dois dias em Berlim. Decididos a oferecer a Jamie a passagem perfeita dos tempos de solteiro para os tempos de casado, 19 de seus amigos e convidados participaram de uma "pedalada da cerveja", que envolvia andar de bicicleta pela cidade alemã enquanto engoliam barris de cerveja. Foi "uma baita diversão", o ator admitiu posteriormente.

Quando o grande dia de Jamie e Amelia finalmente chegou, o cenário não poderia ser mais perfeito. Coincidentemente, as núpcias aconteceram apenas duas semanas antes de a ex-namorada de Jamie, Keira Knightley, casar-se com o vocalista do Klaxons, James Righton, em uma cerimônia romântica na França, a qual estampou manchetes ao redor do mundo. Para a felicidade de Jamie, seu grande dia passou quase despercebido, exceto pela presença de algumas celebridades de *Once Upon a Time,* como Ginnifer Goodwin, Josh Dallas e Jennifer Morrison.

Uma vez marido e mulher, e após semanas de comemorações, Jamie e Amelia imediatamente passaram a buscar alcançar outro sonho: uma lua de mel atravessando os Estados Unidos em um Mustang conversível. Na lua de mel dos sonhos, que se estendeu por cinco semanas, os recém-casados foram da Califórnia a Nova York, passando pelo cenário onde Jamie havia feito as fotos para o anúncio do CK Free no ano em que eles se conheceram. Durante a viagem romântica, eles percorreram quase dez mil quilômetros. "Usamos o tempo necessário para fazer essa viagem", ele admitiu posteriormente, com destaque para as montanhas da Virgínia Ocidental e a visita a Graceland, casa de Elvis Presley, o que para o ator era "um sonho se tornando realidade". "Foi como um filme, a sensação às vezes era essa. Um Mustang conversível faz muito sentido quando se está na Califórnia, mas pode não parecer uma boa ideia quando se segue para o leste!", contou Jamie ao programa de TV matinal *Daybreak*. "Sabe, você cresce querendo fazer esse tipo de viagem, e algumas pessoas dizem: 'Ah você vai se arrepender se não ficar duas semanas numa praia'. Mas a praia você pode visitar em outros momentos. A nossa viagem foi uma daquelas coisas que só se faz uma vez na vida."

Era uma pausa bem-vinda dos meses de trabalho duro, mas, mesmo na estrada aberta, Jamie não conseguia não pensar em trabalho, especialmente porque *The Fall* havia estreado durante a sua ausência. "Foi estranho estar fora [do país] quando os três primeiros episódios de *The Fall* foram ao ar", ele comentou. "Ninguém gosta de ser incomodado na lua de mel, mas eu pensava: 'Já faz 30 segundos que está no ar e ninguém fez contato ainda'."

■

A lua de mel continuou quando eles voltaram a Londres. Todos que conheciam Amelia pareciam encantados por seu charme e sua beleza. A atriz Bronagh Waugh, que interpretava a esposa de Jamie, Sally Ann, em *The Fall*, comentou: "Eu me apresentei a Amelia dizendo: 'Você é a esposa bonitona. Eu sou a esposa nem tão bonitona assim'. Ela é adorável. Jamie tem muita sorte por tê-la ao seu lado".

"Jamie é absolutamente louco por ela, assim como todos nós", um amigo dos recém-casados declarou. "Ela é a pessoa mais perfeita que se poderia imaginar para ele." O que faria a vida do casal ainda mais completa seria a criação de uma família. E, alguns dias antes do casamento, Jamie admitiu que estava pronto para o desafio de ser pai. "Quero ter tudo isso. Eu diria que estou pronto. Quero experimentar enquanto ainda sou jovem", falou.

Nada parecia fora do alcance de Jamie. E não havia apenas um bebê a caminho, mas também um filme hollywoodiano no qual ele faria o papel de um tal Christian Grey. Por enquanto, todavia, o ator tinha seu primeiro trabalho como protagonista na TV para promover e, por fim, graças ao papel do serial killer, ele estava feliz por ver sua imagem de garotinho lindo se desfazer de uma vez. Mesmo sua esposa, após voltar da lua de mel, ficou traumatizada ao vê-lo em um episódio particularmente assustador de *The Fall*. "Minha esposa não tinha visto o terceiro episódio, então nós o assistimos juntos [depois do casamento]. Ela ficou um pouco preocupada comigo durante mais ou menos meia hora depois do fim do programa", ele revelou. "Tive de reconquistar sua confiança."

Um amigo do casal também confirmou que Amelia se sentiu desconfortável na presenta de Jamie depois de assistir ao programa. "É o último efeito que quero ver em um amigo, mas fiquei contente", declarou a fonte. A reação de fato foi positiva, e Jamie, com razão, sentiu-se orgulhoso. *The Fall* havia sido uma obra exaustiva, psicologicamente desafiadora e uma das melhores experiências em seus 31 anos de vida. E, como sempre acontecia, parecia que ele não esperava que fosse assim...

Capítulo 13
Um pai assassino

"Participei do teste para um papel menor em *The Fall*, o de um detetive. Não pensei que tivesse me saído bem, mas dessa vez fiz um bom trabalho. Aí, não ouvi mais nada deles por algumas semanas."

Confuso por seu julgamento errado, o modelo decidiu tentar a sorte em outro lugar e seguiu para Los Angeles para a temporada de pilotos. Havia alugado um carro e um apartamento, e também se preparado para todo um mês de audições ingratas. Porém, assim que chegou a Tinseltown, recebeu um telefonema animado de seu agente contando que a BBC o queria de volta a Londres o mais rapidamente possível para um novo teste. "Isso em geral significa um papel pequeno, insignificante, mas foi o oposto, o que nunca acontece", explicou Jamie.

O roteirista Allan Cubitt, conhecido anteriormente por suas séries de TV *Murphy's Law* e *Prime Suspect*, ambas premiadas, tinha visto o teste de Jamie e queria que o ator fizesse a seleção para o papel principal de Paul Spector, um conselheiro que se transforma em serial killer. O drama policial, cuja história se passava em Belfast, era uma coprodução da RTE com a BBC e já estava destinado a ser um sucesso entre os críticos de TV. Jamie ficou em choque com o convite. "Aí o medo se instala. Será que devo me ofender porque o que fiz naquela sala, na tentativa de conquistar o papel do detetive, foi visto por eles como se houvesse um serial killer dentro de mim? Isso é um elogio? Depois vem o medo de verdade: será que vou ser demitido durante o teste e eles vão se dar conta de que entenderam tudo errado?", confessou ao *Sunday Times*.

O papel era complexo e Cubitt, junto com os produtores do programa (entre os quais estavam o diretor belga Jakob Verbruggen, que havia trabalhado no drama americano *The Bridge*), precisava ter certeza de que contrataria o ator perfeito para o papel. Na série de cinco episódios, Paul Spector trabalha como psicólogo durante o dia, escondendo-se por trás da fachada de homem de família perfeito: pai de dois filhos e marido dedicado. Em sua outra realidade, ele coleciona imagens terríveis em um diário e esconde suas ferramentas de assassinato no quarto da filha. Spector anda pelas ruas de Belfast tramando e cometendo assassinatos tenebrosos de mulheres trabalhadoras.

O ator encarregado desse personagem teria um desafio em mãos, pois precisaria fazer dois papéis completamente diferentes ao mesmo tempo. "Paul Spector era um verdadeiro enigma", explicou um jornal. "Nós o víamos estrangular mulheres durante a noite e preparar o café da manhã para os dois filhos ao raiar do dia. Ele se escondia na passagem da porta e entrava por janelas para atacar suas vítimas. Era uma figura aterrorizante que, algumas horas depois de tudo isso, às vezes sem sequer ir para a cama, ajeitava-se na poltrona e oferecia orientação para pessoas que estavam enfrentando o luto."

Entre as exigências para aquele que faria o papel de Spector também estava ser capaz de trabalhar ao lado da atriz Gillian Anderson, pois ela já tinha conquistado o papel da detetive. Mais conhecida por dar forma à agente especial Dana Scully no seriado de sci-fi *Arquivo X*, Anderson faria, em *The Fall*, o papel de Stella Gibson, detetive enviada a Belfast para solucionar os assassinatos de Spector. Portanto, era essencial encontrar alguém que tivesse um estilo de atuação para complementar o da atriz. "Gillian foi a primeira escolha para o papel da detetive. Ela é extremamente minimalista no que faz, muito introspectiva, muito pensativa e discreta", explicou o criador, Cubitt. "Portanto, eu precisava de alguém que pudesse se adequar a isso."

Embora tivesse havido pressão por parte dos produtores para a escolha de um nome mais forte do que o de Dornan para dar vida a Spector, Cubitt insistiu e argumentou que era mais importante ter alguém da idade certa, já que, estatisticamente, a maioria dos serial killers tem entre 25 e 30 anos. Minutos depois de Jamie entrar na sala, Cubitt sabia que tinha encontrado o ator ideal para o papel. Os selecionadores de elenco tinham escolhido uma cena na qual Spector, que tinha acabado de voltar para casa após um roubo com toque de voyerismo, procura as crianças, que ele deixara sozinhas e dormindo enquanto a esposa trabalhava como enfermeira durante a noite. Para a felicidade dos presentes na sala, a interpretação de Dornan foi assustadora. "Algumas pessoas atuavam como se ele quisesse matar o filho, mas Jamie entrou e falou muito delicadamente com o garoto, deu um beijo de boa-noite na filha. E isso é o que é mais desconcertante para o público", ele explicou.

Embora no estúdio Jamie pudesse querer esquecer seus anos como modelo, eles certamente haviam lhe ensinado algumas habilidades essenciais, como ser capaz de transmitir sentimentos e emoções somente por meio do rosto e da linguagem corporal. Conforme diz o provérbio, "uma imagem vale mais do que mil palavras", e Jamie era mestre em comunicar toda uma gama de emoções ao público com nada além de um forte olhar. Ele foi comedido e equilibrado e, embora Cubitt percebesse que tinha algo em mãos, agora precisava convencer as outras pessoas envolvidas de que o modelo era a escolha certa. "Eu tinha em mente alguém muito calmo no que fazia e em quem o público pudesse projetar sentimentos bastante complexos. Jamie tinha a qualidade de ser cuidadoso, de não revelar muitas emoções e, pouco a pouco, você se via atraído a tentar decifrar que tipo de pessoa ele era", explicou o autor.

Ao se assistir fazendo o papel de assassino na tela, até o próprio Jamie mostrou-se impressionado com quão sinistro havia ficado. "Todos no processo de me escolher devem ter visto esse meu lado sombrio. Mas eu não sei se eu mesmo o vi. Basicamente, ele devia estar dentro de mim, o que é um tanto preocupante", disse.

Para o ator, aquele era o papel dos sonhos e o roteiro era um dos melhores que ele já tinha lido. Não demorou muito para receber a notícia de que havia conquistado o papel. E ele estava em boa companhia, com Gillian Anderson, Bronagh Waugh (mais conhecida por fazer o papel de Cheryl Brady na novela *Hollyoaks,* do Channel 4 e que faria o papel de Sally Ann, sua esposa) e Laura Donnelly (que havia sido escolhida para o papel da advogada de uma vítima do assassino).

Jamie recebeu o roteiro e, mesmo antes de o choque de ter conquistado o papel se desfazer, começou a trabalhar no desenvolvimento de seu personagem. "Pensei que eu estivesse animado demais quando me escolheram. Foi difícil, muito difícil, entrar na cabeça daquele personagem", contou à *Radio Times*. "Tudo girava em torno daquilo e eu disse para mim mesmo: 'Certo, hora de começar a diversão. Vamos começar logo a pesquisa e aprender tudo sobre esse homem terrível'."

Jamie se concentrou integralmente em fazer pesquisas sobre psicopatas enquanto tentava entrar na mente de Spector. Começou a ler livros, assistir a filmes e procurar entrevistas que pudessem lhe dar uma ideia de como pensam e operam os assassinos a sangue frio. Conforme os dias se transformavam em semanas, ficava claro que a preparação de Jamie para o drama começava a gerar um efeito em sua mente. "Eu não li nada além de mortes de inocentes e isso acaba afetando a gente. E muito", contou. "Não é um bom lugar para se ficar com a cabeça por muito tempo."

Todavia, Dornan não estava reclamando e, apesar do tenebroso processo de pesquisa, agora mais do que nunca ele sabia que se tornar um ator sério havia sido a escolha correta, era tudo que ele sempre tinha sonhado. "Acordei certa manhã pouco antes de darmos início às filmagens e, sobre meu peito, só havia livros sobre assassinatos. Eu ia para a cama lendo sobre essas pessoas horríveis e é claro que isso acaba o afetando. [...] Foi um processo muito estranho, mas eu adorei... Não sei o que isso diz a meu respeito."

Dornan logo descobriu que havia um assassino verdadeiro que se destacava como a inspiração perfeita para o papel. Ted Bundy matou mais de setenta mulheres nos Estados Unidos durante a década de 1970, em grande parte graças à sua capacidade de ganhar a confiança da vítima com sua aparência e seu carisma. Em certa altura, ele matava uma mulher por semana e, durante todo o tempo, mantinha um relacionamento estável com sua namorada, socializava com amigos e trabalhava na campanha política dos progressistas. Assim como Spector, ele tinha em si duas personalidades totalmente diferentes até ser executado em 1989, após confessar o assassinato de mais de 24 mulheres. Foi uma observação crucial que ajudou a dar forma ao papel de Jamie. "Abordei Spector como dois personagens completamente diferentes, o que facilitou as coisas para mim. Ele ou está em modo assassino, ou em modo família, mas um não é mais fácil do que o outro", contou à BBC Belfast em uma entrevista nos bastidores.

Jamie havia passado horas e mais horas avidamente assistindo a entrevistas de Bundy no YouTube. Apesar de ser um estuprador e necrófilo brutal, o assassino de boa aparência carregava certo magnetismo, uma "qualidade" que Jamie acreditou que pudesse funcionar para Spector. De modo bizarro, ele também falava de si mesmo em terceira pessoa, o que Dornan achou convincente. "É fascinante vê-lo porque é extremamente charmoso e muito bonito. Ele fez duas campanhas para o congresso nos Estados Unidos, era um estudante de Direito brilhante, tinha uma namorada em um relacionamento duradouro, um grupo normal de amigos... Mas era um psicopata. Então, essas pessoas de fato existem!", contou Jamie sobre sua pesquisa. "Bundy fala de si mesmo em terceira pessoa. Era bonito e as pessoas à sua volta não tinham ideia do que ele fazia. O cara é realmente interessante e muito articulado."

O belo astro havia começado a esboçar como exatamente Spector seria e como ele percebia as outras pessoas em sua vida, particularmente a relação complicada com os filhos. Embora Cubitt não acreditasse que Spector fosse capaz de amar o filho e a filha, Jamie decidiu torná-lo ainda mais sinistro mostrando esse amor, o que, por sua vez, revelava um lado humano inesperado no assassino. "O que é assustador é a normalidade de tudo. Ele é justamente um psicólogo. Tem esposa e dois filhos, os quais acho que ele ama. Acredito que Allan diria que Spector é incapaz de amar e, portanto, não ama os filhos. Acho que isso é bastante discutível. Eu diria que ele carrega uma certa forma de amor, em especial pela filha. De certa forma, não acho que Spector seja um marido ruim. Acho que ele demonstra boas qualidades, apesar de ferir e matar mulheres inocentes. Tudo é muito sórdido. Mas quero mostrar como esses caras podem ser pessoas comuns", contou à revista *Interview*.

No que teria sido um choque para muitos expectadores do programa, Jamie chegou a tentar encontrar algo de que gostava em Spector, acreditando ser importante para o ator aprender algo com o personagem. "No caso de Spector, apesar de seus atos horrendos, gosto de sua personalidade, e acho que admiro muitas de suas características, mas ele as usa para fins odiosos. Eu gostaria de ter a atenção para detalhes que ele tem, além da eficiência", confessou.

Após a pesquisa ser feita, a agenda de quatro meses de filmagens teve início em março de 2012. Jamie foi a Belfast e deixou a namorada, Amelia, em Londres. Embora estivesse uma pilha de nervos, preocupado em não alcançar as expectativas em seu primeiro dia de filmagens, o astro da Irlanda do Norte pelo menos se sentia feliz por estar de volta à sua cidade natal.

▪

Jamie decidiu alugar um apartamento no centro da cidade, muito embora a casa de sua adorada família, em Holywood, ficasse a poucos quilômetros de distância. Mesmo com a agenda apertada, o que significava que ele teria pouco tempo para relaxar, não achou apropriado morar com o pai enquanto passava os dias emprestando o corpo a um assassino. "Meu pai faz partos. Você consegue imaginar?", falou à revista *Interview*. "Eu passava o dia todo estrangulando mulheres enquanto meu pai trazia novas vidas ao mundo. Não dava para lidar com isso!"

Estar de volta a Belfast, todavia, significava que ele poderia facilmente se encontrar com antigos amigos da escola e frequentar os pubs à noite. Era bom retornar à cidade e aquele seria o maior período que Jamie passaria em Belfast em uma década. "Tive um apartamento no centro da cidade por três meses. E nunca realmente vivi em Belfast, eu morava nos arredores, então pude experimentar a cidade em um nível diferente, acordando e indo tomar um café ou ler o jornal no meu dia de folga. Eu nunca tinha feito isso, então adorei a experiência. E é bom não ter que se preocupar com, você sabe, o sotaque", brincou em um bate-papo com a revista *Red*. "Rapidamente tomei a decisão de não morar com meu pai durante as filmagens; por conta da agenda, eu não poderia chegar em casa e tomar uma xícara de chá com ele. Eu precisava ficar sozinho. Mas é maravilhoso encontrar meus amigos e falar sobre futebol. É uma enorme libertação depois da intensidade das filmagens", relatou ao *Daily Mail*.

E essa acabou se provando uma decisão sábia, pois Jamie estava lutando para limpar a cabeça ao fim do dia. "Havia ocasiões em que eu via meus amigos e eles queriam sair para jantar. E eu tinha de dizer: 'Ouçam, eu não posso. Tenho de me deitar na banheira e ouvir Maria Callas e pensar sobre a felicidade'", contou.

A experiência foi um enorme aprendizado para Jamie. Ao chegar ao set pela primeira vez, ele ficou aliviado ao notar que, pela primeira vez na vida, não precisava estar bonito, "bonitinho", nem ser vagamente decorativo. Ele estava ali para interpretar um assassino brutal e o antigo modelo de roupas íntimas não tinha papel algum naquela realidade. Porém, longe de se divertir, Jamie estava uma pilha de nervos, convencido de que acabaria sendo descoberto como uma fraude e imediatamente demitido. "Na cena da minha primeira fala, eu estava pensando: 'Certo, acabou. Eles vão me demitir agora mesmo'. Não havia nada no meu currículo que garantisse minha presença ali", revelou.

Mas Jamie era espantosamente talentoso e, embora o elenco e a equipe de produção já de início tivessem se mostrado impressionados com sua atuação, ele não queria enganar ninguém: era um novato no ramo da atuação. "Todos os dias quando fazíamos algo horrível, eu dizia: 'Sinto muito, mas isso não surge assim tão fácil para mim'", admitiu.

Não era um papel fácil, mas usar o "traje de assassino" de Spector – "a roupa de comando" – para as cenas de assassinato certamente ajudou. Porém, entrar na mente e no corpo do homicida deixava Jamie enjoado. E ele se sentia tão perdido no papel que até mesmo assistir ao programa era uma experiência excruciante, particularmente as cenas em família, nas quais Spector continuava se mostrando um pai dedicado. "É estarrecedor quando se está filmando, eu acho nojento. Depois, acho difícil assistir, a proximidade das duas existências, matar alguém e depois pegar minha filha e levá-la para a cama. Tive dificuldades com isso... É você que está fazendo aquilo. E parece que realmente está fazendo. Tudo bem, você está dando vida a um personagem, mas mesmo assim é nojento", explicou.

Já sentindo a intensidade de se transformar em Spector no set, Jamie recusou-se a adotar a técnica "método" de atuar, de acordo com a qual os atores buscam emoções internas e experiências passadas para dar forma a um personagem e "viver" dentro de suas mentes 24 horas por dia – mesmo quando a filmagem termina. "Acho que não seria saudável tentar ficar dentro daquele personagem ou daquela mentalidade", comentou. "Acho que eu não conseguiria fazer isso. Usar esse método e sair do set com ele? Jesus! Eu simplesmente me comprometi em 'desligar' o assassino."

Foram as cenas de assassinato que Jamie achou as mais difíceis e algumas eram tão pungentes que ele sentia a necessidade de se desculpar com as atrizes que interpretavam as vítimas. Enquanto trabalhava com um material tão duro, em sets com atmosferas tão sombrias, Dornan gostava de melhorar o clima, sempre que possível, dançando no set entre os *takes*. "Sempre que apropriado, eu fazia as pessoas darem risada. Havia cenas em que havia uma ligadura em volta do pescoço da vítima e eu fingia apertar com toda a força. Ela estava com a boca espumando, meu suor caindo em seus olhos e eu a vendo morrer e seus olhos esbugalharem. Depois de cada uma dessas cenas, quando eles gritavam 'corta!', eu dizia: 'Ah, meu Deus, sinto muito! Vou desamarrar seus pés, está bem?'. Porque não sou esse tipo de cara. E eu fazia meu melhor para encerrar tudo assim que gritavam 'corta!'."

▪

Além do esforço psicológico, Jamie também passou por dores físicas lancinantes no regime de exercícios e nas cenas de luta para dar vida a Spector. Duas cirurgias – incluindo uma operação no ombro, ferido em um acidente de esqui quatro anos antes – haviam deixado o astro em constante agonia. As cenas de sexo, em comparação, eram tranquilas para o ex-modelo que claramente estava acostumado a tirar a roupa para as câmeras. Porém, para a atriz Bronagh Waugh, sua esposa na trama, desnudar-se na frente do belo rosto da Calvin Klein – e para uma sala cheia de câmeras e funcionários da produção – era aterrorizante. Tão aterrorizante, aliás, que ela passou a beber antes das cenas. "Ele tem o corpo de um deus e eu sou uma mulher comum", declarou a atriz. "Era a primeira cena de nudez, tanto para Jamie quanto para mim. Nós dois estávamos realmente nervosos. O diretor, Jakob Berbruggen, é de Bruxelas, então agia como um perfeito europeu. Eu tinha de entrar em uma banheira e comecei a implorar, realmente implorar, pelas bolhas. E pensava: 'Por favor, joguem sabonete líquido aqui!', mas o diretor disse que aquilo estragaria a cena. E estava certo."

Todavia, o estresse se transformou em comédia quando seu tapa-sexo – uma faixa da cor da pele colocada nas partes íntimas – começou a flutuar quando ela se ajeitou na banheira quente. "Eu tinha um tapa-sexo nas partes íntimas e todos os atores atestarão que eles não funcionam muito bem. Na cena, Jamie está me olhando enquanto eu entro na banheira e vou fechando os olhos e afundando. Quando abri os olhos, aquela coisa estava flutuando", lembrou a atriz. "Jamie olhava e nós estávamos nos molhando. Acho que foi a coisa mais terrível que me aconteceu. Jamie me viu nua tantas vezes que em certo momento disse: 'Bronagh, eu já cansei de ver'."

Por outro lado, quando chegou a primeira cena de nu total de Jamie, até mesmo o experiente modelo de roupas íntimas tomou alguns goles de uísque para gravá-la. "Existe uma cena de sexo totalmente gravada ao ar livre. Estava muito frio e nós dois tomamos alguns goles de uísque antes de gravar", contou Bronagh ao *Sunday Mirror.* Ela também admitiu que toda a experiência estava longe de ser romântica: "É tão estranho quando você tem a oportunidade de conhecer alguém. Eu realmente não o vejo assim [romanticamente]. Você fica nervosa com as cenas de sexo... E se sente muito mal".

Uma medida de quão famoso Jamie havia se tornado veio quando Aisling Franciosi, sua colega de elenco, mostrou-se completamente impressionada ao conhecê-lo. Franciosi fazia o papel da babá dos Spector, que se apaixona pelo atraente pai da família e eles gravaram várias cenas juntos. Sobre atuar com Jamie, Franciosi comentou: "Parte de mim dizia que eu tinha de ser profissional, mas outra parte gritava internamente. Minha primeira cena foi uma na qual o personagem dele entra no meu quarto. Foi uma cena intensa, mas ele foi ótimo e me apoiou muito. É um cara humilde".

Jamie claramente fazia sucesso com os colegas de elenco e, embora houvesse muitas distrações no set, ele procurou manter-se longe delas quando as filmagens chegavam ao fim todos os dias. "Eu sentia que eles não iriam querer passar mais um minuto sequer comigo", contou ao jornal *Daily Mail*. "Eu me desculpava após cada *take*, era como uma explosão de pedidos de desculpas, e aí dávamos risada. Eu implorava para alguém me fazer rir."

Ele e Gillian Anderson também tomaram a decisão mútua de não se encontrarem socialmente, pois estavam fazendo o papel de caçador e caça e achavam que encontros sociais poderiam aumentar a tensão no set. "Por conta da natureza do programa, não faria sentido sairmos juntos. Quanto mais distantes nos mantivéssemos, mais sentido tudo faria."

No fim das contas, o casal filmou muito pouco um com o outro e só apareceram juntos em quatro cenas. Todavia, admiravam o trabalho um do outro, e Gillian contou em uma entrevista à revista *Red*: "Acho que ficou muito claro desde o início que [Jamie] era o homem para o papel. Acho que era apenas uma questão de convencer os poderosos disso. Já estive na mesma situação antes, com pessoas lutando para me defender. Mas convencer os estúdios de que você é a pessoa ideal, isso requer algum esforço".

▪

E esse esforço certamente valeu a pena. Jamie descobriu que estava aprendendo rapidamente o trabalho, muito embora fosse impossível negar que ele tivesse um talento natural. Sem sequer se dar conta, passou a usar as mãos para mostrar qual lado de Spector ele estava fazendo naquele momento. "Inicialmente, não me dei conta, mas a forma como eu usava as mãos se tornou uma maneira de eu simbolizar a consciência de Spector", contou à revista *Interview*. "Você vê a diferença de como ele lida com a família, com os filhos, a forma como ele aborda as coisas na vida."

Jamie, que anteriormente havia admitido que seu método de atuar vinha de assistir a Al Pacino em *O Poderoso Chefão*, também podia ser visto adotando longos silêncios e olhares pensativos. "Já fiz o papel de várias pessoas problemáticas, talvez os silêncios representem os diferentes tipos de vulnerabilidade existentes nelas", explicou. Seu lado emocional estava sendo testado e levado ao limite e ele admitiu que chorava para liberar a emoção reprimida. O exigente papel também o fazia pensar sobre como as pessoas mais próximas e mais queridas reagiriam a vê-lo dar forma a um homem tão aterrorizante. "Acho que ajuda o fato de eu ser muito aberto e chorar. Spector é desprovido de emoções. Será interessante ver a reação [dos meus amigos e familiares] porque é um personagem sombrio. Eu me surpreendo com quão sombrio fico às vezes. Acho que minha aparência não está nada agradável", comentou logo antes de *The Fall* ir ao ar.

Tendo filmado o forte drama fora da sequência, Jamie teve a chance de assisti-lo na ordem antes do lançamento e ficou extremamente assustado com quão horroroso era tudo aquilo. "Quando você vê tudo reunido, eu enfrento uma luta. Entendo por que as pessoas têm dificuldade de assistir", comentou.

The Fall estreou em 12 de maio de 2013 no canal irlandês RTI e, na noite seguinte, na BBC, sendo assistido por impressionantes 3,5 milhões de expectadores e tornando-se, assim, a segunda maior estreia de um drama na BBC2 em quase uma década – em grande parte graças a Jamie no papel assustador de Spector.

A crítica e o público se mostraram igualmente hipnotizados e revoltados pela série e, na internet, surgiram da noite para o dia vários fóruns dedicados ao ator, a seus colegas de elenco, a *spoilers* do programa e às reviravoltas na trama. "Se o enredo buscava matar a imagem de garotinho bonito de Dornan de uma hora para a outra, então foi um golpe de gênio", reportou um jornalista. "Muito bem, Jamie, você mais do que provou sua impetuosidade como ator sério, mostrando que não é apenas um bonitinho que certa vez apareceu andando por Londres nos braços de Keira Knightley", escreveu Maeve Quigley no *Sunday Mirror*, "muito embora ainda sintamos saudades daquelas fotos da Calvin Klein. Mas só um pouquinho", arrematou.

Dornan agora se tornava reconhecido em todos os cantos e não apenas como um modelo que aparecia em outdoors pelas ruas, mas como um assassino sádico. Os risinhos das garotas que ele via pelas ruas agora eram substituídos por gritos de terror. E Jamie parecia adorar a reação. "Passei por um incidente no Notting Hill Gate, quando alguém apontou para mim e gritou: 'Ali está o serial killer!'. Isso acabou criando certo alvoroço. Mas eu adorei. Adorei fazer o papel daquele cara muito, muito doente... seja lá o que isso significa."

▪

Tendo assustado quatro milhões de pessoas semanalmente, Jamie ficou preocupado com a repercussão ao entrar em contato com o público. "Não sou reconhecido o tempo todo, mas fico um pouco ansioso com como as pessoas vão me abordar agora... Porque, se você vê alguém sendo tão doentio na TV, automaticamente acredita que se trata de um cara doentio."

Quando o último episódio foi exibido em junho de 2013, surgiram os rumores de que uma segunda temporada estaria por vir. O ator dublinense Emmett Scanlan, que fazia o feroz detetive Glen Martin, havia feito uma revelação no Twitter, escrevendo, em novembro de 2013: "Começo a filmar a segunda temporada de *The Fall* em fevereiro. Ao que tudo indica, será incrível. Mal posso esperar".

Enquanto muitos aplaudiam a decisão da BBC, que traria Jamie novamente no papel de Spector, outros ficavam estarrecidos. "O mais repulsivo drama exibido pela TV britânica chega ao fim esta noite. *The Fall* exibiu imagens detalhadas de assassinatos sexuais, abuso, necrofilia, perseguição, pornografia e masturbação", escreveu Christopher Stevens no *Daily Mail*. "Os executivos da BBC defendem o programa e a decisão de renová-lo para uma segunda temporada; alegam que a atração apresenta uma ideia dos motivos de um psicopata sádico. [...] *The Fall* não desafia o mal; o programa chafurda no mal. Essa série é um convite às pessoas para compartilharem uma fantasia de estupro."

"Esse drama gratuitamente asqueroso foi defendido pelos produtores como uma tentativa de 'mudar a natureza de como a TV conta histórias de crime e torná-la mais próxima da vida real'", escreveu Allison Pearson no *Daily Telegraph*. "É mesmo? Quando foi a última vez que um serial killer se transformou em um psicólogo que parece um modelo? Ah, e ele cita T. S. Eliot em seu diário de assassinatos, como estupradores costumam fazer. Se o diabo veste Prada, *The Fall* era uma blusa de seda de baixa qualidade."

A essa altura, Jamie não fazia trabalhos como modelo há três anos e, apesar da desaprovação por parte de alguns setores da imprensa, ele esperava que Spector significasse que ele não precisaria voltar a posar para revistas em troca de um salário. "Independentemente do que eu faça, sempre haverá pessoas que não me aceitam como ator porque no passado fui modelo. Mas fazer o papel de Paul Spector é um começo. Eles não podem negar isso. É um papel que espero que mude a opinião que alguns têm a meu respeito. Fiz esse personagem e ele existe", disse ao *Daily Mirror*. "Estou orgulhoso do programa. Orgulhoso, mesmo. Mas não vou chegar a dizer que estou orgulhoso de mim mesmo."

Antes de voltar a fazer o papel de Spector, todavia, Jamie admitiu que queria fazer algo diferente, possivelmente um personagem mais leve. "Eu gostaria de dar vida a alguém que não mata pessoas, só para variar um pouco. Gostaria de fazer algo leve. Em um mundo perfeito, eu realmente gostaria de fazer algo engraçado."

Para sua felicidade, seu desejo foi atendido pelo destino e seus próximos dois papéis seriam o de um criminoso que passa informações à polícia e o de um fora da lei com *mullets* no estilo anos oitenta. Para os amigos do ator, era impossível não enxergar um lado divertido em tudo o que Jamie tocava. Nem toda a fama do mundo faria seu ego inflar – e eles cuidariam disso. Quando o rapaz de Belfast viajava para filmar em vários lugares do mundo, seus amigos o mantinham com os pés no chão enviando, pelo WhatsApp, fotos de quando ele era um adolescente desajeitado. Não que ele precisasse daquilo, obviamente; Jamie continuava tão humilde quanto sempre fora. "Eu classificaria 'passar manga de camisas' como uma das tarefas mais difíceis do mundo", tuitou quatro dias depois da estreia de *The Fall*. Ele claramente não se deixava influenciar.

Capítulo 14
Competindo por Grey

Jamie estava ficando realmente bom em enfrentar testes de elenco. Embora anteriormente tivesse de se esforçar diante dos agentes de seleção para, no fim, não conseguir conquistar nenhum papel, sua experiência em *The Fall* claramente havia lhe renovado a necessária confiança.

Logo após o fim das filmagens da série policial, Jamie conseguiu o papel principal no filme holandês *Flying Home*, pois o diretor, Dominique Deruddere, admitiu que, ao ver o ator, ficou imediatamente impressionado com seu talento.

Jamie faria o papel de Colin, um homem de negócios de Nova York que precisa convencer o dono de um pombo de corridas campeão na Bélgica a vender sua adorada ave para um rico xeique árabe. Mas Colin acaba se apaixonando pela neta do homem. Jamie leu o roteiro e foi amor à primeira vista. Ademais, atuar em um filme independente de um diretor europeu conceituado certamente causaria uma boa impressão em seu currículo. E mais: fazer o papel de um homem apaixonado por uma bela jovem enquanto caça um pombo na Bélgica seria mamão com açúcar se comparado a estrangular mulheres aterrorizadas em Belfast. Em suma, aquele filme atendia a todos os requisitos. "Não é sempre que se encontra um roteiro com tanta alma quanto esse. Achei o roteiro sincero, um pouco louquinho, um pouco europeu... Então acabei fazendo o filme porque gostei do roteiro e adoro Dominique."

A escolha do elenco não foi simples. Eles buscaram alguém que se adequasse à descrição de "bonito e bem-sucedido", o que era simples.

Mas também precisavam de alguém que transitasse entre o executivo impiedoso e o amante sentimental. A agente de elenco britânica Kate Dowd enviou ao cineasta belga Deruddere centenas de currículos e gravações de jovens atores interessados no papel, mas ninguém parecia ter aquela "segunda camada" e a profundidade de personagem que ele estava buscando. Até, obviamente, encontrar Jamie. Depois de assistir à gravação, Deruddere telefonou para o ator e o convidou para participar de algumas sessões de seleção. "Ele era mais do que aquele rostinho bonito inicialmente revelado", comentou. "E aquele jovem modelo acabou se transformando em um ator consistente."

E Dominique continuou: "As outras sessões de seleção com Jamie fortaleceram minha impressão de que ele seria capaz de realizar o plano enganoso de Colin sem que os expectadores deixassem de se solidarizar com ele". E acrescentou: "Foi muito bom trabalhar com ele. É um ótimo rapaz e, claro, um excelente ator".

O papel era de Jamie e, aproveitando tudo que tinha aprendido em *The Fall*, ele rapidamente deu início a uma pesquisa sobre o incomum hobby da columbofilia – arte e ciência de criar pombos e participar de competições ao redor do mundo. "Eu sabia muito pouco sobre columbofilia, mas é um mundo bem interessante. Pode-se ganhar muito dinheiro e eu não tinha ciência disso. A única pessoa que eu sabia que tinha feito isso antes era o boxeador Mike Tyson. Ele é muito envolvido com os pombos, então, acho que se alguém tão importante e tão agressivo assim gosta de algo tão desconhecido quanto a columbofilia, esse hobby deve ter sua importância."

Quando o verão de 2012 chegava ao fim, Jamie desfrutava da sensação distinta de férias e das regalias pouco conhecidas e dignas daqueles que trabalham em filmes flamengos enquanto dividia seu tempo entre locações do filme em Dubai e na Bélgica. "Trabalhar em um filme flamengo é tranquilo, todos ficam à vontade, obviamente há cerveja no fim de todos os dias... É claro que temos muito trabalho a fazer, mas eles criam uma atmosfera bem agradável", contou.

O elenco também foi extremamente receptivo e Jamie e sua amante na tela, Charlotte de Bruyne, logo se tornaram amigos, particularmente porque ela havia feito a lição de casa antes e pesquisado sobre ele na internet para descobrir melhor quem seria seu colega de trabalho. "Eu só sabia que ele tinha sido modelo da Calvin Klein. Quando procurei no Google, achei engraçado quando me deparei com informações sobre o relacionamento com Keira Knightley", ela admitiu. "Jamie estava no início da carreira como ator, então parecíamos em igual posição. Tive a impressão de que ele se sentia como eu me sentia, um pouco inseguro – ele pode ser mais velho, mas tive a percepção de que estávamos, digamos, no mesmo estágio da vida profissional."

O sentimento era mútuo e os dois desfrutaram de alguns momentos hilários juntos no set. Enquanto o inglês de Charlotte era perfeito, Jamie divertia a equipe e o elenco com suas pronúncias de palavras belgas e, em particular, ao falar o nome do diretor. "Adoro Dominique Deruddere, ele é brilhante. Eu o chamava de Dominique... como era? Dominique *Duruuder* por algum tempo, achando que era assim que se pronuncia, mas ainda não consigo falar seu nome direito. Ele é incrível; é o cara mais gentil do mundo, além de um ótimo diretor", elogiou Jamie após terminar as filmagens.

▪

De volta para casa, era hora de colocar os pés para o alto e esperar o que seria um dos maiores anos de sua vida – não apenas no âmbito profissional, mas também no pessoal. Tendo recentemente se recuperado de uma cirurgia no ombro e com o ano terminando, Jamie já tinha boas notícias para refletir. A primeira delas era que, graças aos protestos do público de *Once Upon a Time*, ele havia sido convidado para retornar em uma participação especial – e havia topado.

Em junho, após retornar de sua lua de mel de cinco semanas com Amelia, enquanto os primeiros episódios de *The Fall* iam ao ar, Jamie não demorou para voltar aos sets de filmagem. Ele havia sido escolhido para participar da minissérie histórica em quatro capítulos *New Worlds*, do Channel 4, na qual faria o papel de um fora da lei.

A história se passa no período da Restauração, quando Carlos II tomou de volta o trono com um reinado de terror e Jamie e seus colegas faziam o papel de jovens revolucionários e amantes lutando dos dois lados do Atlântico. O *London Evening Standard* avisou aos expectadores: "Esperem sexo, assassinatos, conspirações e traições. [...] Essa minissérie preencherá a lacuna deixada até a próxima temporada de *Game of Thrones*, que vai ao ar em abril".

Se isso não fosse suficiente, ele também havia sido indicado para seu primeiro prêmio de atuação, o de Melhor Ator por seu personagem em *The Fall* no TV Choice Awards. Era um feito importante para alguém que apenas um ano antes era relativamente desconhecido no mundo da TV e do cinema e agora era indicado ao lado de Matt Smith, de *Doctor Who*, e David Tennant, do bem-sucedido drama *Broadchurch*, da ITV.

Embora Jamie não tenha ficado entre os quatro finalistas do prêmio, ele agora pelo menos era visto como parte da nata da indústria. E o elenco extremamente talentoso de seu novo programa, que incluía a atriz Freya Mavor, de *Skins*, e Joe Dempsie, de *Game of Thrones*, era uma evidência de quão longe Dornan havia chegado. "O programa atraiu um elenco diversificado e brilhante", comentou Piers Wenger, diretor de drama do Channel 4, sobre a tão esperada sequência de *The Devil's Whore*, série indicada ao BAFTA em 2008.

O drama sangrento *New Worlds* mostraria o personagem de Jamie, um rebelde chamado Abe Goffe, tentando derrubar a monarquia na Inglaterra da década de 1680. Correr de um lado para o outro com uma arma e um arco era o papel dos sonhos de Dornan. Além de lhe oferecer uma folga dos pesados meses interpretando Paul Spector, esse personagem também oferecia a oportunidade de realizar suas fantasias de infância. "Ser um fora da lei foi incrivelmente divertido. É provável que eu esteja preso em algum período de transição entre jovem e adulto, mas adorei correr pela floresta com armas, flechas, cabelo sujo e um grupo de amigos, alimentando meu Robin Hood interior. Essencialmente, foi o roteiro que me atraiu, a construção do personagem que senti que poderia fazer... Além disso, eu esperava me dar bem com o diretor e todo o pessoal. E em todos os aspectos, tive muita sorte com *New Worlds*", comentou.

E, como em todos os papéis de Jamie – desde o amante de Maria Antonieta, ao lado de Kirsten Dunst, até o perseguidor de pombos apaixonado –, havia muito material para Jamie se divertir. As filmagens sequer haviam começado e as risadas já rolavam soltas no set quando a equipe de figurino arrumou os cabelos de Jamie e o deixou com *mullets*, ao passo que o restante do elenco ostentava belíssimas perucas. Percebendo o lado divertido de tudo aquilo, ele comentou: "É o meu cabelo ondulado, real. E aí acrescentaram essa coisa de rock dos anos 1980 atrás e nas laterais para dar um ar de século XVII. Gostei do resultado".

Embora as madeixas fossem fonte de risadas durante os sete meses de produção em Bristol, com os colegas de elenco dizendo que Jamie parecia uma espécie de Russell Brand do século XVII, elas não passaram despercebidas por críticos jocosos. "A existência selvagem de Goffe é responsável pelo cabelo bagunçado de Dornan. Enquanto a maioria do elenco ostenta perucas bastante elaboradas, o ator aparece com mechas dispersas presas atrás e nas laterais", destacou um deles. E outro crítico reclamou: "Em *New Worlds*, Jamie, que faz Abe, o rebelde idealista, finalmente apareceu depois de dez minutos, mas, quando isso acontece, os *mullets* acabam se tornando uma enorme distração".

Apesar das brincadeiras, Jamie logo se adaptou à vida no set, graças, em grande parte, aos colegas de elenco – em especial a Freya, que interpretava sua amante Beth. Ele também gostou da forte pesquisa histórica por trás do personagem e se deleitou com a oportunidade de aprender sobre um novo período da história depois que os autores e criadores Martine Brant e Peter Flannery passaram uma lista de livros para os atores estudarem. "Alguns livros nos foram sugeridos. Havia um de Lucy Worsley chamado *Cavalier*... Freya e eu lemos essa obra, recomendada por Martine. E Freya e eu competíamos para ver quem terminava primeiro. Minha cópia era mais discreta, ficava no iPad, mas ela carregava o livro físico para todos os lugares enquanto eu provocava e fazia chamada oral. Como estudei em Belfast, a Guerra Civil Inglesa não recebe grande ênfase no currículo. Então, de certa forma, tive que aprender partindo do zero. Eu não tinha ideia de que se tratava de um período tão bárbaro. Não queremos que a série seja uma aula de História, mas acho que o público vai aprender algumas coisas assistindo a *New Worlds*", falou ao *Sunday Mail*.

Como fazia com todos os personagens, Jamie mergulhou em sua mente e tentou encontrar algo dentro de si com que pudesse relacionar o personagem. Nesse caso, o astro estava convencido de que os adolescentes seriam capazes de se identificar com as batalhas que Abe enfrentava. "Os jovens se sentem furiosos com as mesmas injustiças. Quero pensar que as pessoas agora são tratadas com mais decência e que as coisas não são mais tão brutais e sangrentas quanto eram naquela época", explicou.

Jamie também buscou inspiração em alguns de seus amigos mais tempestuosos e resolutos ao trabalhar no caráter do personagem, pois Abe era mais ação e menos reflexão. "Com Abe, havia muita conversa, e ele é uma dessas pessoas que falam com os punhos", comentou o ator sobre o personagem. "Mas você conhece esse tipo de cara em qualquer período da história... Eles são muito teimosos. Tenho colegas que são bem agressivos, que agem de uma maneira bastante específica, especialmente perto de outras pessoas, de pessoas novas. São um pouco arredios. Tentei levar um pouco disso para Abe. Ele não se sente à vontade na companhia de pessoas que não sejam parte de seu grupo."

Porém, embora o projeto tivesse se mostrado interessante para Jamie, as críticas foram mistas logo após a estreia, em abril. "Idealistas podem ser inspiradores em livros de História, mas não formam personagens cativantes na TV", opinou uma resenha no *Daily Telegraph*. "Nem mesmo Jamie Dornan consegue salvar o mais novo drama histórico do Channel 4, *New Worlds*. É provável que eu pague um preço por dizer isso, mas aceito contente um ovo choco no rosto antes de ter de me sentar diante da TV para assistir essa traquinagem outra vez", acrescentou o crítico Oliver Glady às queixas. "A química [de Dornan] com a mocinha Freya Mavor foi convincente, mas arruinada pelos autores que esperam que acreditemos que a personagem

Beth se apaixonaria por um homem apenas alguns minutos depois de ele a sequestrar – mesmo que esse homem tenha a aparência de Jamie Dornan."

Porém, devemos dizer que apaixonar-se em segundos pelo charme de Jamie talvez não seja algo tão fora da realidade. De fato, seu próximo papel seria maior, melhor e mais extraordinário do que ele, mesmo com todo seu talento, talvez pudesse esperar. E aquele charme irlandês ao qual Dornan atribuía seu sucesso, como se desconsiderando seu talento, claramente se mostraria útil.

▪

O livro de todas as cabeceiras – *Cinquenta Tons de Cinza* –, que vendeu mais de 2 milhões de cópias apenas um mês depois de chegar às prateleiras, em junho de 2011, seria transformado em filme. O romance *caliente,* publicado originalmente pela Vintage Books e que chegou à lista de best-sellers do *The New York Times,* veio a se tornar o livro mais vendido da história, com 100 milhões de cópias em três anos. A obra narra a história de uma universitária, Anastasia Steele, que se vê em um relacionamento excêntrico envolvendo sadomasoquismo e submissão com o bilionário de 27 anos Christian Grey. As duas sequências, *Cinquenta Tons Mais Escuros* e *Cinquenta Tons de Liberdade* perscrutam o aprofundamento dessa relação.

Com um número de leitores tão grande (acredita-se que a maioria seja composta por mulheres com mais de 30 anos, mas a obra também seria popular entre adolescente e estudantes), o romance erótico estava destinado a chegar a Hollywood. A autora, Erika Leonard, mais conhecida pelo nome artístico E. L. James, havia orquestrado um contrato com consideração cuidadosa após ser procurada por diversos cineastas desesperados para produzir o filme. "Eu não sabia se [vender a obra para Hollywood] seria a escolha certa. Então pensei: 'Sou uma mulher de meia-idade... Quando vou ter outra chance de fazer um filme?'", comentou.

Em março de 2012, após uma feroz guerra de apostas entre dez dos principais estúdios de Hollywood (incluindo Sony, Warner Bros e Paramount), E. L. James concordou em vender os direitos do livro para a Universal Pictures e Focus Feature em um contrato de três milhões de libras. A sagaz executiva da TV britânica que havia se tornado escritora conseguiu um acordo no qual manteria certo controle durante o processo criativo da obra cinematográfica. Além de escolher a dedo o diretor e os produtores, James, com 48 anos e mãe de dois filhos, revelou que, em um movimento raro, os estúdios tinham também permitido que ela participasse ativamente da escolha do elenco e da aprovação do roteiro.

A ousada escritora, que admitiu ter passado por uma "crise de meia-idade" que a havia levado a escrever a ficção de romance erótico, foi conquistada por Donna Langley, diretora da Universal – que "adora livros" e "prepara uma excelente xícara de chá" –, e pelo presidente de produção da Focus, Jeb Brody. Os sucessos anteriores de Brody incluíam *Encontros e Desencontros* e *O Pianista*, e ele tinha "uma boa experiência em lidar com material complicado". "Gosto muito de homens inteligentes que trazem desafios", disse a escritora à *Entertainment Weekly* "e cheguei à conclusão de que, com Jeb, eu realmente poderia trabalhar!". Depois de admitir que havia recebido o controle da maior parte dos aspectos do filme, ela acrescentou: "Isso me faz parecer uma louca controladora, não faz?".

A verdade era que os feitos eróticos entre o poderoso executivo Christian e a acanhada estudante Anastasia eram "tudo fruto das fantasias que eu mesma já tive", afirmou a autora do romance provocante e ardente.

Após ter alcançado um sucesso tão inesperado com a trilogia, a última coisa que E. L. James queria ver era a química e o calor sexual entre os dois protagonistas se perderem na passagem das páginas para as telonas. Ela queria e precisava garantir que todos os aspectos do relacionamento íntimo e de certa forma pervertido fossem projetados sem qualquer falha. "Esta é minha crise da meia-idade, todas as minhas fantasias estão expostas, todas estão no livro. Eu era uma mulher tão obcecada que, por dois anos, escrevia em todos os lugares – em casa, no trem..."

"Fiquei impressionada com a popularidade que a obra ganhou", contou ao programa americano *Today*, acrescentando que não era uma "boa escritora" e que só havia esboçado o livro como passatempo. Embora os críticos rotulassem o livro como "pornografia para mamães", ele se tornou um grande sucesso, sendo traduzido para 51 línguas e recebendo críticas positivas de fãs por todo o mundo. "Faz você se contorcer", admitiu uma mulher de negócios com pouco mais de vinte anos em um programa de TV. "As mulheres que estão lendo dizem que estão transando mais com seus maridos", revelou uma terapeuta. Uma mãe de três filhos, por sua vez, declarou em um dos muitos fóruns de internet dedicados à obra: "[O livro] definitivamente faz a coisa 'andar', por falta de um termo melhor para descrever".

Obviamente "acertar" na produção era muito importante para James. "É algo grandioso. Existem fãs apaixonados, precisamos fazer a coisa certa por eles", explicou. Além disso, *Cinquenta Tons de Cinza* também se tornava uma marca multimilionária que venderia vários outros itens de merchandise, incluindo um CD de canções que a autora escreveu para a história, garrafas de vinho, camisetas com o slogan do livro e brinquedos sexuais, incluindo as infames bolinhas cinza, algemas e outros itens imortalizados na série.

A notícia do lançamento do filme *Cinquenta Tons de Cinza*, enquanto isso, espalhava-se por Hollywood, gerando um frenesi em todo o meio cinematográfico. Os principais produtores (entre eles Brian Grazer, Adam Shankman, Scott Stuber, Doug e Lucy Wick, e Stacy Cramer) estariam todos cortejando a escritora e sua agente, Valerie Hoskins. Era importante que E. L. James encontrasse a equipe perfeita e, entre os grandes da Universal e da Focus, ela decidiu contratar Michael De Luca e Dana Brunetti, produtores de *A Rede Social* – obra que lhes rendeu a indicação ao Oscar de Melhor Filme. "No fundo, *Cinquenta Tons de Cinza* é uma história de amor complexa, que requer uma mão delicada e sofisticada para ser levada às telonas", explicou Donna Langley, diretora da Universal, em um comunicado.

"As credenciais de Mike e Dana deixam mais do que claro o que exatamente precisamos encontrar em nossos parceiros criativos e ficamos contentes por tê-los como parte da equipe." Ambos os produtores eram reconhecidos por trabalharem com adaptações de livros. Além de sua colaboração com o produtor Scott Rudin em *A Rede Social* – história baseada nos criadores do Facebook e adaptada a partir do livro de não ficção *Milionários Acidentais – A Fundação do Facebook* – De Luca também tinha produzido o sucesso *Jogada de Risco*, de 2011, filme baseado no livro *Moneyball: The Art of Winning*.

O próximo trabalho consistia em contratar um diretor e escolher um elenco de estrelas. E o mais importante: encontrar o Christian Grey perfeito. Descobrir alguém capaz de atender aos critérios seria necessário, principalmente porque cada leitor – ou seja, cem milhões de pessoas – havia criado uma imagem mental bastante exata do bilionário sádico e controlador. Poucos agentes de elenco haviam enfrentado antes esse tipo de pressão.

A primeira descrição do poderoso homem de negócios no romance dizia tudo: "Esse Christian Grey é o solteiro mais rico, o mais elusivo, mais enigmático do estado de Washington". Como se isso não fosse o bastante, o ator perfeito para o trabalho também teria de se adequar à descrição: "a personificação da beleza masculina, de tirar o fôlego". O galã dominador era exatamente o que todas as mulheres desejavam, conforme a autora alegava, e o ator teria de ser capaz de preencher de forma convincente essa fantasia. "Acho que, em suas fantasias, é isso que as mulheres desejam. Na vida real, é algo muito diferente – provavelmente alguém que lave as louças. [Ele é rico e dominador] porque, na teoria, isso é muito atraente. Você está no controle do seu trabalho, da casa, dos filhos, de colocar a comida à mesa, você faz coisas assim o tempo todo e seria bom que outra pessoa estivesse no controle um pouco", explicou em sua participação no programa americano *Today*.

Os agentes do mundo do cinema buscavam desesperadamente em seus bancos de dados, tentando encontrar o ator perfeito para fazer o mais cobiçado dos papéis. E entre eles estava Jamie Dornan. Ainda se sentindo o "garoto magrinho do colégio", ele jamais esperava conseguir o trabalho – seria bom demais para ser verdade –, mas, mesmo assim, seu material foi enviado para a seleção.

A propaganda em torno do filme continuava crescendo e, em junho de 2013, o nome da diretora foi anunciado. Sam Taylor-Johnson, mãe de quatro filhos e mais conhecida pela obra cinematográfica *O Garoto de Liverpool*, uma biografia de John Lennon, venceu a acirrada competição para dirigir o filme que supostamente incluiria a bela Angelina Jolie. Honrada por ter sido escolhida por E. L. James, Sam elogiou a obra, da qual se assumiu fã: "Estou animada por ser responsável pelo desenvolvimento de *Cinquenta Tons de Cinza* das páginas para as telas", declarou em um comunicado à imprensa em junho de 2013. "Para as legiões de fãs, quero dizer que honrarei o poder e a força do livro de Erika e, é claro, dos personagens Christian e Anastasia. Eles também me afetaram."

Se Jamie faria o papel de Christian, isso ainda era um mistério. Mas, duas semanas após Sam ser escolhida, o ator recebeu uma notícia que mudaria sua vida. Ele estava prestes a realizar um sonho. Duas semanas após o casamento perfeito com a lindíssima Amelia, era hora de contar ao mundo: Jamie Dornan seria pai.

Capítulo 15
Um grande anúncio

Jamie não conseguia esconder a euforia. Ele veria a filha pela primeira vez. Na clínica particular de seu pai em Belfast com a bela Amelia ao seu lado – já com uma barriguinha saliente –, ele estava pronto para o ultrassom. No verdadeiro estilo da família Dornan, esse era o momento que ninguém queria perder, então na sala não estavam apenas Jamie e Amelia esperando para ver a primeira imagem da mais nova criança do clã. Samina, agora uma obstetra qualificada e muito respeitada por mérito próprio, havia concordado em realizar pessoalmente o ultrassom. Amelia não poderia estar em melhores mãos. A cuidadosa Samina, agora uma consultora de medicina fetal no Royal Maternity Hospital de Belfast, estava acostumada a realizar o exame em mulheres grávidas todos os dias. E ver seu terceiro neto se remexendo na tela foi uma experiência mágica que a deixou orgulhosa. "O exame foi uma experiência linda e emocionante para todos os presentes", contou ao jornal *Sunday Life* pouco depois. "Jim e eu nos sentimos extremamente felizes por nosso terceiro neto estar a caminho."

Aquele, de fato, havia sido um momento importante para todos dentro do consultório. Quinze anos após Lorna falecer vítima do câncer e agora com seu pai enfrentando a leucemia, Jamie havia percorrido momentos bastante difíceis antes de se tornar pai. Mas aquilo era tudo que ele sempre quis. Todos aqueles que conheciam e amavam Jamie sabiam que já há alguns anos ele queria ter um filho – certa vez chegou a admitir que, para surgir nele um sentimento de paizão, bastava ver filhos de desconhecidos.

Os anos da infância observando recém-nascidos enquanto seguia seu pai pelas manhãs de sábado certamente haviam marcado Jamie. Já adulto, continuou interessado pelo trabalho do pai, o "médico de bebês", e, pouco antes de anunciar que ele próprio teria um filho, tornou-se padrinho da instituição de caridade Tinylife, cujo foco é ajudar bebês pré-maturos. Além do mais, Jim era presidente dessa instituição.

Com todos esses instintos paternais firmados e após ter visto o bebê vivo e bem na primeira ultrassonografia, o astro estava pronto para encarar tudo o que vinha com ser pai – incluindo os choros, trocar fraldas sujas e a terrível privação de sono. Ficava claro que Jamie faria seu papel de pai com o mesmo gosto que tinha quando encarava qualquer trabalho como ator. "Você pode dormir um pouco menos, mas tem essa vidinha para cuidar", falou sobre os pais que reclamam do cansaço gerado pelos filhos recém-nascidos. "Sou muito bom com dormir pouco. Acho que tudo é uma questão de atitude. Penso a mesma coisa com relação à ressaca. Você pode agravar a situação se não se arrastar para fora da cama e encarar o dia. Mas se fizer as coisas que precisa fazer, aí talvez se sinta melhor", acrescentou em uma entrevista ao *Daily Telegraph*.

▪

A vida de casados ia bem para os dois amantes. Embora ainda mantivesse em segredo do público a notícia do filho, Jamie admitiu ter adorado a lua de mel com Amelia, quase dois meses após as núpcias. "Está tudo indo bem até agora. Faz apenas sete semanas, então tudo ainda é recente", comentou sobre o casamento. "Não parece tão diferente de como a vida era antes. É divertido."

A preparação para a chegada do bebê seguia em alta velocidade. O lugar onde a criança nasceria era uma das considerações e, embora houvesse certa lógica em o pai de Jamie fazer o parto, já que era um especialista da área, Jim admitiu que trazer um neto ao mundo nunca estivera em seus planos. "Eu não estive na sala durante o nascimento de meus netos, nem no parto de minha primeira filha. Muito embora eu fosse obstetra, recebi ordens para sair da sala nesses dias. Não sei se [fazer o parto] é uma boa ideia", admitiu.

Independentemente do que acontecesse nesse dia tão especial, essa nova vida seria amada e celebrada e, inegavelmente, seria beneficiada com a natureza humilde e com o amor à vida da família Dornan. E, independentemente de qual caminho sua carreira seguisse nos próximos seis meses, o pai de Jamie observaria com interesse a vida de seu neto enquanto desfrutaria das alegrias de ser avô. "Para ser sincero, achei toda essa coisa [de ser avô] um processo tranquilo. Sinto como se meus netos fossem meus filhos. Tenho um amor enorme por bebês e tudo o que vem com eles. Não há dúvidas de que a melhor coisa dos netos é que você pode devolvê-los aos pais", admitiu.

Porém, para o reconhecidamente discreto Jamie, tornar-se pai sendo famoso poderia trazer mais riscos do que a maioria dos pais enfrenta. Além das dúvidas gerais que surgem com cuidar de um recém-nascido, o ator – que estava à beira de se tornar um dos astros mais famosos de sua geração – teria de lutar com unhas e dentes para proteger sua privacidade e a privacidade de sua família. Mesmo antes da gravidez de Amelia ser anunciada, fotos do casal jantando em restaurantes surgiam na imprensa, que questionava se um filho estaria por vir, uma vez que a esposa bebia apenas água à mesa. Nos meses seguintes, outras fotografias, tiradas enquanto os futuros pais cuidavam da vida cotidiana, faziam compras, conversavam e frequentavam cafés, apareceram em outros jornais e revistas. Com um ódio pelos paparazzi já bem enraizado e uma descrença constante com os rumores ridículos que brotavam na imprensa especializada em fofocas, Jamie estava prestes a entrar no território desconhecido dos "papais celebridades".

Por enquanto, todavia, isso parecia um pouco distante, já que, naquele momento, ser um superstar parecia improvável. Jamie esperava para saber se o material que enviara para a seleção de elenco do filme *Cinquenta Tons de Cinza* seria aprovado. E, para sua frustração, não foi. Outra pessoa havia conquistado o papel de Christian Grey.

Capítulo 16
Conquistando o papel principal

"Fico contente em comunicar que a adorável Dakota Johnson concordou em ser nossa Anastasia na adaptação de *Cinquenta Tons de Cinza* para o cinema", tuitou E. L. James aos fãs em 3 de setembro de 2013. Esse anúncio seria seguido, dois minutos depois, por: "O lindo e talentoso Charlie Hunnam será Christian Grey".

A dolorosa e longa espera havia chegado ao fim. Após meses de especulação acerca de quais estrelas de Hollywood seriam escolhidas para os papéis principais, dois nomes relativamente desconhecidos tinham sido escolhidos. Charlie Hunnam, da série *Filhos da Anarquia*, ator britânico cujo primeiro trabalho fora no programa de TV infantil *Byker Grove*, havia conquistado o papel do homem de negócios frio e masoquista. Segundo os produtores, ele tinha feito "um teste incrível" e a química entre o belo loiro e a californiana de 23 anos, Dakota Johnson, sua escrava sexual Ana, havia sido tão forte que, quando lhe foi pedido para simular uma das cenas no quarto, Charlie faturou o papel.

Jamie estava inegavelmente frustrado. E, verdade seja dita, não era o único chateado. Enquanto a equipe de *Cinquenta Tons de Cinza* e também a autora mostravam-se felizes com a decisão, dezenas de milhares de fãs sentiam-se revoltados. Eles estavam em frenesi após semanas de boatos na imprensa e em fóruns da internet sobre quem ficaria com os disputados papéis. Muitos mencionaram atores extremamente conhecidos, como o galã Robert Pattinson, da série *Crepúsculo* – que seria o favorito de E. L. James. Por outro lado, o estúdio teria oferecido o papel ao astro Ryan Gosling, de *Diário de uma Paixão* – um favorito das leitoras que haviam criado páginas pedindo para que ele fizesse o papel do personagem sedutor. Outros nomes que estariam em jogo eram Matt Bomer, Alexander Skarsgård, Theo James e Christian Cooke.

A lista de nomes cotados para interpretarem a bela Anastasia, todavia, era composta de seis possíveis atrizes, todas relativamente desconhecidas, incluindo Imogen Poots, que havia estrelado *Jane Eyre*, e a americana Elizabeth Olsen, indicada ao prêmio BAFTA de Revelação do Ano. Todavia, a bela Dakota, filha do astro de *Miami Vice* Don Johnson e da estrela dos anos oitenta Melanie Griffith, havia impressionado além do esperado na sala de testes. "Ela parece velha demais", reclamou uma fã em um fórum. "Não sei se ela consegue ser sexy, mas acho que teremos que esperar e ver no que vai dar", disse outra.

O futuro colega de elenco, Hunnam, por sua vez, estava confiante de que os dois dariam conta do recado e começou a tentar acalmar a preocupação dos fãs. "Fiquei realmente intrigado e animado com o papel de Christian, então li o primeiro livro para ter uma ideia melhor de quem era esse personagem e fiquei ainda mais animado com a possibilidade de dar vida a ele", comentou sobre uma das seleções. "Nós [Taylor-Johnson e eu] mais ou menos sugerimos que eu fizesse um teste com Dakota, que era a preferida dela e, assim que entramos na sala e comecei a ler com Dakota, eu sabia que queria fazer esse filme. Existe uma espécie de química tangível entre nós. Foi divertido e engraçado e estranho e convincente."

Em todo caso, os dois atores, repentinamente lançados sob os holofotes do mundo, ficaram comovidos e animados por "terem lhes confiado os papéis" de um filme tão importante. Do dia para a noite, a vida de Charlie Hunnam foi virada de ponta-cabeça. E não era apenas por conta de dezenas de convites para entrevistas. Vizinhos afirmaram que as fãs do livro deixavam roupas íntimas presas à fechadura da porta da casa do ator. "Já vimos meias-calças, sutiãs e até calcinhas rendadas deixadas na porta da casa por mulheres que tentam receber atenção. É muito esquisito, nunca tínhamos visto nada desse tipo", comentou um vizinho a um jornal.

Como se isso não fosse suficientemente estressante, para o horror de Hunnam, teve início na internet uma campanha contra ele e Dakota. Um abaixo-assinado on-line, que reunia mais de 80 mil nomes exigindo que a Universal Studios cortasse o casal, chegou aos noticiários do mundo, pois os fãs ameaçavam boicotar o filme no lançamento. Em uma pesquisa nos Estados Unidos, 54% dos indivíduos votaram a favor de que novos atores fossem escolhidos para os papéis. E, com o passar das semanas, o clamor público parecia não cessar. Uma fã desgostosa escreveu: "Christian deveria ser sexy e misterioso. Charlie Hunnam tem cara de sujo e é muito pouco atraente. Não vou assistir ao filme com esse elenco".

O tão esperado lançamento de *Cinquenta Tons de Cinza* rapidamente se transformava em caos. No Twitter brotavam inúmeros comentários cheios de raiva voltados ao ator, além das queixas de que sua seleção havia sido um erro. Por outro lado, muitos saíram em defesa de Hunnam, alegando que, embora ele não tivesse o "look" ideal, certamente não lhe faltavam charme e carisma. Mas agora era tarde. Um mês depois de aceitar o papel, o astro o abandonou. Muito embora tivesse citado conflitos de agenda por conta de um trabalho na TV, alegando que não teria tempo para se preparar para fazer o papel de Christian, pessoas de dentro da indústria afirmam que o astro se assustou com a atenção pública. Ele também teria diferenças com a equipe de *Cinquenta Tons de Cinza*, incluindo exigências de mudanças no roteiro. Os chefões do estúdio foram forçados a contratar dois enormes seguranças para proteger o ator das fãs enlouquecidas, mas alguns acreditam que Hunnam não suportou as críticas negativas. O ator posteriormente confessou que foi uma combinação de fatores, admitindo que estava próximo de um colapso.

▪

Com as filmagens no Canadá marcadas para começar em três semanas, não havia tempo a perder: Sam Taylor-Johnson e a equipe precisavam sentar-se novamente à mesa para encontrar outro Christian – de preferência, perfeito. De volta em Londres, Jamie Dornan tinha ouvido a notícia da desistência e se perguntava se teria uma segunda chance. "Quando Charlie saiu, não pensei no mesmo instante: 'Ah, agora é a hora. Talvez eu devesse cancelar minhas férias', mas tive a sensação de que talvez a ideia de eu fazer o papel fosse repensada", admitiu.

E essa ideia estava certa. O teste de Jamie finalmente atraiu a atenção dos principais selecionadores de elenco e ele foi convidado para uma audição no último minuto. Erika já o apoiava. Como grande fã de *The Fall*, ela acreditava que o jeito descolado como Jamie havia feito Spector na série criminal trazia o controle que ela buscava no ator que faria Christian. Era verdade que o assustador instinto assassino de Paul Spector não era muito diferente do desejo do megalomaníaco Grey por sadomasoquismo. E, se Jamie conseguisse atingir esse tom outra vez, então ele teria chance.

Cinco dias após o anúncio de que Charlie havia deixado o papel, Dornan estava em um voo rumo a Los Angeles para um intenso dia de testes com Dakota Johnson. Com os produtores desesperados por preencherem o papel, Jamie mergulhou de cabeça na atuação em frente a um júri exigente, que incluía Erika e a diretora Sam Taylor-Johnson. Depois que Jamie foi apresentado a Dakota, os dois encenaram duas das mais cruciais cenas do livro: a entrevista na qual Ana conhece Christian no escritório em Seattle e, em seguida, a "cena-clímax" próxima do fim do livro, que inevitavelmente incluiria Jamie interagindo de forma sexual, pela primeira vez, com a atriz. Era necessário ter certeza de que haveria química entre os dois. "Tem muitas coisas acontecendo nas duas cenas", comentou o ator sobre a importantíssima audição. "A cena da entrevista é uma versão um tanto condensada da jornada em que os dois vão embarcar. São tantos tons! É uma coisa de louco!"

▪

Embora o livro acompanhe o que se passa na cabeça de Ana – e, portanto, sabemos o que ela pensa –, seria muito mais difícil ler o que se passa com Christian, e grande parte dos momentos sexuais e emocionais da história provavelmente preencheriam essa lacuna.

Jamie conseguiu fazer o papel lindamente. Enquanto eles encenavam a "cena-clímax", o desejo sexual entre o ex-modelo de corpo torneado e sua colega de elenco foi satisfatório e impressionante. Era exatamente o que Erika esperava. Havia, entre Jamie e Dakota, uma ligação genuína, o que facilitaria – e muito – para os atores trabalharem nas cenas mais explícitas. Comunicação e camaradagem eram tão importantes quanto a química e os dois claramente levavam muito disso ao estúdio. "Presumi que tínhamos uma química já no primeiro momento porque eles nos ajudaram", revelou Jamie. "É grande parte do trabalho ter essa [química e] confiança porque nos vimos em situações que não parecem naturais e que não são tão fáceis assim. E você definitivamente precisa ter essa confiança."

Ademais, Jamie ficou espetacular no vídeo, como era de se esperar para um modelo experiente. Por fim, adequava-se perfeitamente à descrição do personagem Christian, de 27 anos.

Um jornalista escreveu sobre Jamie antes de uma entrevista: "O ator milagrosamente combina a boa aparência – olhos lápis-lazúlis, ossatura delicada e até mesmo orelhas bonitas". Ainda bem que Jamie era mais direto em sua personalidade do que seu personagem na tela. "Não há nada desequilibrado em Dornan, não existe um tom ameaçador, mas apenas o charme genuíno de alguém que nunca tenta ser charmoso", continuou.

Estava muito claro que o homem perfeito havia sido encontrado. E a notícia era ainda melhor para Jamie: sua carreira de modelo não o atrapalharia. Considerando que o Christian da ficção é descrito como um dos homens mais bonitos do mundo e que Jamie fora chamado de "a versão masculina de Kate Moss", esse projeto era sua grande chance de subir mais um degrau na escada de Hollywood.

E era o papel perfeito. "Em Los Angeles, o fato de você ter sido modelo não atrapalha em nada", ele revelou. "Lá eles não acham que, só porque se apoiou contra uma parede com ares de depressivo enquanto alguém tirava sua foto, você é incapaz de atuar. No Reino

Unido existe um estigma enorme em volta disso. Parece impossível ganhar dinheiro tirando fotos e ao mesmo tempo ser capaz de atuar."

E havia, ainda, outro fator a seu favor: o fato de os produtores apoiarem a ideia de que Christian e Ana não deveriam ser feitos por estrelas já estabelecidas na indústria. Em vez disso, os papéis deveriam lançar atores às alturas de Hollywood. "Sempre pensei que seria melhor trabalharmos com alguém menos conhecido, assim o público poderia descobri-los juntos. E acho que estamos fazendo isso com Jamie e Dakota", admitiu Dana Brunetti alguns meses mais tarde.

Segundo todos os relatos, esse foi o teste no qual Jamie se saiu melhor. Em seguida, ele retornou a Londres para ficar com a esposa grávida e esperar uma resposta, que veio alguns dias depois, às duas da madrugada. Ciente de que a resposta chegaria em um horário impróprio (afinal, existe um fuso de oito horas em relação a Los Angeles), Jamie havia ficado acordado, embora com pijama. Quando o telefone finalmente tocou, ele estava sentado no sofá, segurando o telefone nervosamente e assistindo a uma reprise de *Quem Dá Mais?* para tentar se acalmar. "Eu fingia que não estava esperando, mas segurava o telefone na mão e já perto do ouvido", revelou.

Era Sam Taylor-Johnson na linha – e, dessa vez, com a resposta que Jamie tanto esperava: se quisesse, o papel de Christian Grey era seu. Havia, obviamente, um fator muito importante a ser considerado antes de aceitar o trabalho: sua primeira filha era esperada para o início de novembro, exatamente a mesma época em que as filmagens começariam. Jamie queria a aprovação da esposa, Amelia, antes de aceitar o maior papel de sua vida. Também queria ter certeza de que estaria por perto no dia mais importante de sua vida, o dia do nascimento da primeira filha.

Para Amelia, seu marido fazer o papel de Christian significava ir a Vancouver e passar algum tempo na cidade canadense, a milhares de quilômetros de casa, estando grávida. E ela daria à luz em um hospital próximo ao set de filmagens. "Amelia está no último trimestre da gravidez. Ela era a maior preocupação de Jamie quando chegou a hora de assinar o contrato porque ele passaria muito tempo distante dela durante as filmagens", um amigo admitiu na época. Depois de muitas conversas, o casal decidiu que o ator deveria aceitar o papel. "Eles concordaram que é uma oportunidade boa demais para ele recusar", acrescentou a fonte.

Jamie então telefonou a Sam para lhe dizer que a resposta era positiva: ele faria o papel de Christian Grey e, assim, viria a se tornar o objeto das fantasias de milhões de mulheres. Muito embora esse viesse a ser um grande marco em sua carreira – uma guinada, na verdade –, o papel não foi comemorado com champanhe. Aliás, a reação de Jamie não poderia ser mais diferente do que o esperado. "Foi muito animador receber aquele telefonema. Na ocasião, eu estava em Londres, eram duas da manhã e eu mais ou menos estava esperando. Mas fui dormir logo depois que recebi a notícia", admitiu durante uma entrevista no programa *Today*. "Não era um horário em que eu poderia sair para festejar e coisas assim. Minha esposa, grávida, estava no andar de baixo da casa, dormindo, então fui me unir a ela na cama e dormimos!"

Uma semana depois do teste, E. L. James anunciou em sua conta no Twitter: "Batam palmas, garotas... nosso homem está aqui. Bem-vindo ao TeamFifty, @JamieDornan1 x".

Quando questionada sobre como se sentiu acerca da nova escolha, ela acrescentou: "Felicíssima". As fãs que haviam feito a campanha para que Hunnam deixasse o papel pareciam extasiadas com o elenco e lotaram os blogs e fóruns com sinais de aprovação. Crissy Maier, cofundadora do site *Laters, Baby*, especializado em *Cinquenta Tons de Cinza*, declarou: "Ele tem a aparência perfeita e também é novo, então provavelmente não está marcado por outros personagens. E gosto muito de suas fotos nos anúncios de cuecas".

Jamie realizou uma barganha e tanto antes de aceitar o papel, convencendo os produtores a concordarem com uma série de exigências, além de um salário-base de 80 mil libras por seu primeiro filme. Conforme destacou o *The Sun*, "Se Jamie Dornan for tão implacável estalando o chicote quanto se mostrou nas negociações para o filme, vai deixar sua colega de elenco de *Cinquenta Tons de Cinza* bastante ferida". O maior golpe no contrato foi a divisão de parte dos lucros do filme, o que o tornará um homem muito rico se a obra tão esperada se provar um sucesso de bilheterias. Seu agente também buscou garantir que ele deixasse o set quando Amelia entrasse em trabalho de parto, permitindo, assim, que Jamie passasse tempo com a esposa e a filha. Além de tudo isso, com a nova temporada de *The Fall* programada para começar a ser rodada no primeiro semestre de 2014, Jamie insistiu que todas as cenas de *Cinquenta Tons de Cinza* fossem filmadas em tempo para ele honrar esse outro compromisso. "Jamie foi muito sábio para conquistar vantagens. Ele foi muito esperto com relação ao contrato. Ter parte nos lucros do filme vai lhe render um bom dinheiro", contou uma fonte ao *The Sun*.

Com a notícia de que E. L. James havia vendido os direitos para que os três livros da trilogia fossem filmados, Jamie também garantiu muito trabalho e dinheiro no futuro – perfeito para um homem prestes a dar início a uma família. E, embora nem todos estivessem satisfeitos com ele no papel de Christian, em geral a reação pública não foi nada parecida com a provocada por Hunnam. "Ele estava extremamente lindo em *The Fall*", comentou Jane Crowther, editora da *Total Film*. "E demostrou um ar sombrio muito verdadeiro, realmente assustador. Horripilante, para dizer a verdade. Aquela mistura de atração e repulsa é interessante. Espero que Dornan leve esse ar sombrio a *Cinquenta Tons de Cinza*, para que não seja apenas um filme tolo e sensual."

A escritora E. L. James também recebeu uma resposta bastante positiva das fãs, que a cumprimentavam por ter escolhido o ex-modelo da Dior. "Boa escolha, minha querida! Você foi ótima", escreveu uma admiradora. "AH. MEU. DEEEEUS! Ótima notícia! Ele é perfeito para o papel! Nós. Te. Amamos!", elogiou outra.

A nata de Hollywood também aprovava a escolha da autora, com astros e estrelas elogiando-a no Twitter. "Sou uma enorme fã de Jamie. Não pude me sentir atraída por ele em *The Fall* porque ele fazia o papel de um assassino sexual. *Cinquenta Tons de Cinza* é a minha grande chance", escreveu a atriz Lena Dunham. "Parabéns ao mais doce/mais assustador ator que conheço! *Cinquenta Tons de Cinza* agora virou coisa séria. Estou muito animada", comentou a estrela de Hollywood Kate Mara. O aclamado escritor Bret Easton Ellis escreveu: "Acho que Jamie Dornan é a escolha perfeita para o papel de Christian Grey. A mais sábia decisão que vejo para um elenco em muito tempo". Até mesmo a ex-namorada Keira Knightley concordou que Dornan era a melhor escolha para fazer o galã sexual. Quando questionada sobre o papel de Jamie, ela timidamente admitiu: "Ele é muito bonito. Todas as garotas o adoram".

Erika estava extremamente feliz com o elenco. "Uma enorme reação aconteceu na internet quando Charlie Hunnam foi escolhido para o papel de Christian. Foi uma reação muito mista e eu tive que sair do Twitter. E depois ele desistiu. Foi decepcionante, mas foi assim. Agora temos Jamie, o que é ótimo. Tem sido interessante com Jamie, a reação das fãs foi muito positiva."

A família Dornan também ficou feliz com a notícia e celebrou com um almoço de domingo na casa dele, em West London. Não se tratou da comemoração repleta de ostentações que se esperaria de um ator agora legítimo de Hollywood, mas foi uma evidência da sua atitude humilde e de que a tradição familiar vinha em primeiro lugar. Seu pai ficou orgulhoso e, tendo ele mesmo lido *Cinquenta Tons de Cinza*, mostrou-se um enorme apoiador quando o filho decidiu fazer o teste para o papel. Diferentemente de Dakota, que declarou que preferiria que seus pais não assistissem ao filme por conta do conteúdo sexual, Jamie declarou que sua família "liberal" não ficaria impressionada com as cenas na tela. "Sou um cidadão do mundo. Cresci em um lugar muito liberal. Não estou dizendo que tínhamos uma sala de jogos em casa, mas não fiquei chocado [com as cenas do livro]. Elas são essenciais para contar a história. Não acredito em filmes que não invocam o lado sexual. Portanto, funciona para mim", disse. "Meu pai me apoiou muito. Não venho de uma família fechada nesse sentido", contou à *GQ*.

Ao *Daily Mail*, Jim comentou: "Jamie pode estar no papel de Christian Grey, mas ele herdou um respeito e um comprometimento total com as mulheres e com os direitos das mulheres. Somos todos assim na família. Jamie e minhas duas filhas são muito pró-mulheres... Eu os influenciei nesse sentido. Quanto ao papel que Jamie está fazendo, as pessoas gostam de todo tipo de coisa e não acho que devamos julgar aquilo com o que elas consentem".

As duas irmãs também ficaram extremamente orgulhosas do caçula da família, e Jim confirmou que, apesar da enorme fama de Jamie, todos continuavam tão próximos quanto sempre. "Elas o protegem muito. Ele é um bom irmão, somos uma família muito unida e todos cuidam uns dos outros. Acho que eles ficaram ainda mais próximos depois que perderam a mãe. Esse laço vai existir para sempre e elas o amam e sentem muito orgulho dele", contou o pai da família a um programa de rádio de Seattle.

Com tanta expectativa lançada sobre ele – expectativas dos fãs e também dos produtores –, poderíamos esperar que Jamie sentisse algum nervosismo para fazer o papel do sádico bilionário. Afinal, passar metade do filme seminu, às vezes com um chicote na mão, faria muitas pessoas se sentirem aterrorizadas. Mas, com Jamie Dornan, esse não era o caso. Algumas semanas antes do início das filmagens, ele parecia imperturbável. "Certamente não estou com medo", declarou. "Já pude ver como é trabalhar com a diretora, Sam, no teste de elenco. E também conheci Dakota. Então, eu já tinha uma ideia de como seria se eu conseguisse o papel. E nada me assustou."

Afinal, o filme não seria uma obra pornográfica e Jamie já tinha experiência tirando a roupa para a câmera. Era algo natural para ele. Após ler o roteiro, também ficou contente por o filme não ser tão atrevido quanto o livro. "De certas formas, ele vai romper algumas barreiras. Mas, ao mesmo tempo, eles querem pegar mais leve. Não podem alienar o público. Tem que ser algo que possa ser assistido", explicou. "Não pode ser tão *hardcore*. Se fosse, eu não me candidataria ao papel. Você precisa fazer algo que um grande número de pessoas possa ir ao cinema e assistir. Não vai ser nada grotesco."

Com isso em mente, seu principal objetivo seria o de tentar agradar o máximo possível de leitores. E seu maior desafio era não ser odiado pelo público quando o filme fosse lançado. "Só quero agradar uma porcentagem considerável das pessoas que leram o livro porque elas têm muito carinho por essa obra. Então, você entende, não vou tentar agradar a todos, mas espero fazer um bom trabalho e não ser totalmente odiado no final", acrescentou.

O principal desafio de Jamie na ocasião foi decorar as falas. Com a filmagem marcada para o começo de novembro e considerando que ele havia conseguido o papel menos de um mês antes, essa era uma tarefa impossível. As filmagens em Vancouver foram postergadas para dezembro e o lançamento foi remarcado de agosto de 2014 para fevereiro de 2015 – em tempo para o Dia dos Namorados. Pessoas de dentro da indústria do cinema afirmaram que o movimento teve menos a ver com questões ligadas à produção e mais com o fato de a Universal querer maximizar os lucros com as vendas, apostando no Dia dos Namorados "Eles querem que *Cinquenta Tons de Cinza* vire um sinônimo do Dia dos Namorados. Ou, para os solteiros, o longa deve ser uma oportunidade de sair e se entregar a um pouquinho de perversão. O *merchandise* que vão conseguir vender também dará muito lucro. A redefinição da data foi uma jogada bastante sábia", revelou a fonte.

O estúdio também estava preocupado com a possibilidade de as mulheres estarem em férias no exterior no mês de agosto. E lançou a seguinte nota: "Queremos que esse filme seja um evento global. A força do livro existe em todo o mundo, portanto, queremos ser capazes de atingir as mulheres que invariavelmente tiram férias com suas famílias na Europa durante o mês de agosto".

Duas semanas antes do início das filmagens, um primeiro *teaser* de Jamie e Dakota juntos como Christian e Anastasia apareceu na capa da revista americana *Entertainment Weekly*. Jamie usava um terno cinza e mantinha o braço em volta do corpo da atriz. Também segurava uma gravata cinza como se fosse um chicote na mão perto do ombro dela. Era uma imagem poderosa – e o público ficou impressionado. "O Christian perfeito. Jamie Dornan é escaldante!", dizia uma crítica. "Hummm, o sr. Dornan vai recebê-la agora!", brincou uma fã em um site de fãs especializado em *Cinquenta Tons de Cinza*. "Realmente, mal posso esperar o lançamento do filme. Chegue logo, 14 de fevereiro de 2015! Estarei lá, na primeira fila, Jamie!"

▪

Para a alegria do público, havia mais boas notícias relacionadas a Jamie. Os chefões do mundo do cinema brincavam com a ideia de lançar uma versão explícita do filme, além de uma versão para o público com mais de 15 anos, nas quais o modelo seria visto em cenas tão sensuais quanto as do livro. A produtora Dana Brunetti declarou: "Todos poderiam assistir à versão para maiores de quinze anos e, se quisessem rever, poderiam ir além e procurar a versão para maiores de dezoito anos. Seria ótimo para o estúdio porque dobraria a arrecadação nas bilheterias. Estamos ouvindo dos fãs que eles querem que o filme seja bem ousado. Querem que seja o mais próximo possível do livro. Queremos manter o alto nível, mas, ao mesmo tempo, dar às fãs o que elas desejam".

Porém, mais perto do lançamento do filme, houve planos de censurá-lo para menores de 18 anos, com uma possível versão sem classificação sendo lançada em DVD. "Bem, haverá muito sexo no filme", explicou a roteirista Kelly Marcel. "Será para maiores de 18 anos. E extremamente atrevido. Estamos mergulhando de cabeça nisso. Pensamos e chegamos à conclusão de quais eram e quais não eram nossos momentos preferidos. A maioria das cenas estava na lista de momentos preferidos, mas não posso dar mais detalhes."

Jamie tornou as expectativas ainda maiores ao admitir que estava ansioso para gravar as cenas de sexo, explicando que elas eram "essenciais para contar a história". Dana, a produtora, ficou contente ao saber que o ator estava tão animado para rodar as cenas de sadismo. "Você precisa encontrar atores que realmente querem fazer o papel, e esse foi um processo complicado. Muitos deles não queriam fazer o filme por causa daquilo que acreditavam ser necessário ou daquilo que de fato é necessário. Ou por conta daquilo em que o filme vai transformá-los. E o filme vai transformá-los em grandes astros", ela disse.

A obra cinematográfica agora tinha o elenco definido e Jamie estava em boa companhia. Entre os atores estavam Victor Rasuk (no papel do aspirante a fotógrafo Jose Rodriguez, que também é o rival de Christian) e o astro de *True Blood* Luke Grimes (no papel de Elliot, irmão do protagonista). A cantora britânica Rita Ora conquistou o papel de Mia, irmã adotiva de Christian, enquanto a estrela da TV americana Eloise Mumford daria vida à colega de quarto e melhor amiga de Anastasia, Kate Kavanagh.

Jamie só tinha algumas semanas para se preparar para o papel antes de partir rumo a Vancouver. Além de dar início à complicada tarefa de decorar as falas, ele fazia academia para garantir que Christian tivesse o abdômen trincado e as coxas fortes que as mulheres esperavam. "Nunca senti que Christian precisasse ser alguma espécie de monstro, mas acho que está muito claro que ele cuida do corpo", contou o ator à *Entertainment Weekly*. "Cuido o suficiente de mim mesmo, então é claro que eu vou aumentar um pouco os treinos, mas não tenho a intenção de ficar enorme. Não acho que seja apropriado."

A colega de elenco Dakota se uniu a ele na rotina de ginástica, desesperada por não ser ofuscada pelo físico muscular de Jamie nas inúmeras cenas de nu juntos. "É claro que eu quero estar bonita nua", comentou. "Agora eu entendo por que as pessoas se exercitam. A sensação é maravilhosa."

Jamie havia levado a maior parte da vida profissional posando de cueca, mas agora precisava se acostumar a usar terno. Embora seu personagem vivesse o tempo todo com roupas imaculadamente bem ajustadas, Jamie claramente tendia a tirar esse tipo de peça do guarda-roupa somente em ocasiões especiais. Ele costumava usar calça jeans, camisetas e moletons – bem diferente de Grey. "O item que mais uso no guarda-roupa é uma camiseta azul que comprei há mais ou menos cinco anos na J. Crew. Acho que já está manchada debaixo do braço, mas ainda a uso muito", admitiu.

Mas não para seu papel no filme. O departamento de figurino, comandado por Mark Bridges, vencedor do Oscar, agora tirava as medidas de Jamie para a criação de nove belíssimos ternos cinza. Embora não pudesse se preparar para isso de antemão, ao final de três meses de filmagens, ele já estava acostumado a usá-los. E a indústria da moda havia começado a especular se os principais designers do mundo tinham sido chamados para vestir Jamie Dornan nesse papel icônico. "Com as principais grifes, como Armani e Prada, tendo um papel nos filmes recentes, eu me pergunto se o guarda-roupa de *Cinquenta Tons de Cinza* será uma forma de anúncio de alguma marca. E estou curioso por saber se os executivos da Calvin Klein estão implorando para colocar Christian Grey em um anúncio de cuecas", brincou um jornalista.

Porém, para Jamie, como ator, usar os ternos de Christian não era apenas uma forma de transmitir uma imagem, mas também um fator-chave para ser aceito no papel. Adotar o "look" era essencial também para entrar na pele do personagem, assim como a preparação para as cenas ousadas. E ele se preparava para elas assistindo a *Sex and the City.* Enquanto ainda filmava *New Worlds*, Jamie e o colega de elenco Joe Dempsie fizeram parte da pesquisa assistindo ao seriado americano estrelado por Sarah Jessica Parker como a colunista e fashionista Carrie Bradshaw. "Joe e eu assistimos a todas a temporadas de *Sex and the City.* Duas vezes. E ajudou", ele admitiu.

▪

Jamie e a diretora Sam Taylor-Johnson também tinham começado a desenhar, juntos, o complexo personagem. "Acho que há muita coisa sobre Christian que fica encoberta. Alguém que é cuidadoso para se manter em forma, alguém que gasta quantias absurdas de dinheiro com sua própria imagem. [...] Grande parte do trabalho foi feito na academia e com o guarda-roupa. Não conversamos sobre detalhes da forma como ele se movimentaria, mas eu sou péssimo usando ternos porque não os uso com frequência. E aquele cara só sabe usar terno... os melhores ternos. Isso acaba causando um efeito. Mas, quando você passa 80% do tempo nas filmagens de terno, acaba aprendendo a se sentir bem confortável."

A preparação para o papel também incluía realizar um estudo completo do homem de negócios interessado por sadomasoquismo: quem era o sedutor Christian Grey? De onde vinha seu conhecimento e desejo por *bondage* e por que ele sente tesão por controlar a vida da virgem Anastasia? Para Jamie, era importante tentar entender de onde vinham as motivações de Christian. Criar uma imagem do passado obscuro do personagem foi relativamente fácil. Na infância, ele fora negligenciado pela mãe, uma prostituta, e fisicamente abusado pela cafetina, que o agrediu e o usou. Na adolescência, foi sexualmente abusado e "dominado" por um amigo da mãe adotiva. O segredo para Jamie era identificar que Christian era uma pessoa "problemática". "Vejo pessoas problemáticas como pessoas que passaram por relacionamentos complicados – seja a complicação do abandono, do abuso, de algo capaz de mudar a vida, como aconteceu com Christian Grey", contou à revista *Interview*. "Existem motivos que levam essas pessoas a serem como são e é isso o que as impulsiona."

Assim como fizera em seu papel de psicólogo que se transformava em assassino em *The Fall*, Jamie também queria tentar encontrar algo de que gostasse em Christian, acreditando que, quanto mais ele se entregasse ao trabalho, mais plausível o personagem se tornaria para o público. "Não sou Christian Grey, mas o entendo perfeitamente", contou à revista *Glamour*. "Nunca o achei um monstro. Ele só está envolvido com seus desejos, como todos nós estamos. Quero manter um elemento de mim mesmo em todos os personagens que eu fizer. E talvez isso esteja ligado a encontrar algo de que você goste em todos os personagens", ele explicou.

Ao estudar Christian, não faltavam qualidades para Jamie admirá-lo, mesmo com seu lado sombrio. Esse personagem "difícil" era um homem fiel a uma mulher e claramente estava apaixonado por ela. O empresário também era ligado à filantropia, gostava de amparar os mais necessitados, buscava ajuda para lidar com seus próprios problemas e era modesto com relação à sua beleza. "[Os personagens que fiz têm dois lados.] Até mesmo Christian tem dois lados. Aliás, se pensarmos melhor, ele tem cinquenta!", declarou Jamie.

Com as falas decoradas e a preparação acontecendo, Jamie finalmente estava pronto para aceitar o desafio de emprestar seu corpo a Christian Grey no set de filmagens em Vancouver. Os paparazzi estavam desesperados e, nas semanas que antecederam o início das filmagens, imagens de Jamie e sua esposa grávida tentando desfrutar dos últimos dias sem filhos começaram a pipocar na imprensa. Tomando café, rindo enquanto andavam pelas ruas, de mãos dadas... Até mesmo a mais cotidiana das tarefas era clicada pelos fotógrafos e espalhada na mídia. Dez anos depois de seu relacionamento com Keira Knightley, ele havia se tornado novamente assunto dos tabloides – mas, dessa vez, era o próprio Jamie que os editores queriam. Porém, dez anos mais experiente, o protetor Jamie estava decidido a não deixar aquilo afetar sua tão amada família. "Há muitas formas de ganhar a vida que não incluem se esconder com uma câmera nas mãos atrás de arbustos na frente de uma casa. Isso não é ganhar a vida, é escolher ser um perfeito idiota", comentou o astro sobre os paparazzi na esteira de seu papel em *Cinquenta Tons de Cinza*.

Por enquanto, Jamie não se sentia irritado com a tensão. "Não me sinto abalado por dentro", falou, referindo-se à fama. "Tenho certeza de que, por fora, parece uma loucura, mas tenho sorte de estar do lado de dentro." Certamente era positivo o fato de Jamie ter se tornado um especialista tão experiente em manter a cabeça fria – afinal, agora mais do que nunca ele precisaria desse controle. E não estamos falando do set de filmagens, mas da sala de partos. Não muito tempo depois de as filmagens começarem em Vancouver, a notícia foi confirmada: Jamie Dornan tinha ganhado uma filha.

Capítulo 17
O pai de todos os papéis

Tudo acontecia de uma vez. Jamie não apenas estava começando a gravar o maior papel de sua carreira, como também vivia ocupado com as fraldas. Sua esposa havia dado à luz uma bela menina e o ator estava eufórico. Jamie e Amelia estavam felizes por se tornarem pais e rapidamente se adaptavam à situação, mantendo-se distantes do olhar público.

Ele estava tão feliz com a situação que nem mesmo as noites em claro – parte da vida de qualquer um que tenha recém-nascidos em casa – diminuía sua alegria de ser pai. As noitadas de bebedeira tinham há muito ficado para trás, e as noites com Amelia diante da TV enquanto a filha dormia no andar de cima eram sinônimo de alegria. "Não entendo quando as pessoas reclamam de bebês. É claro que eu durmo um pouco menos, mas veja as recompensas! Melhor do que não ser capaz de dormir por causa de uma ressaca", confessou o papai orgulhoso.

O pai de Jamie também estava feliz por ser avô novamente. E impressionado com quão bem seu filho vinha enfrentando a paternidade. Sobre o assunto, ele comentou depois do nascimento da neta: "É maravilhoso vê-los interagir e vê-los aprender como eu aprendi: a lidar com a criança, a acalmá-la, a lidar com os problemas. E você precisa se atentar ao fato de que as pessoas querem uma parte da sua vida, mas Jamie é um rapaz muito reservado, então, sim, gostamos de quando as pessoas pensam que ele fez um bom trabalho".

Embora a imprensa mundial mantivesse os olhares concentrados em cada fofoca do set de *Cinquenta Tons de Cinza*, é incrível notar que a esposa de Jamie tinha entrado em trabalho de parto, dado à luz e desfrutado de algumas preciosas semanas com seu famoso marido sem que a mídia soubesse de qualquer coisa. De fato, foi somente duas semanas após o início das filmagens em Vancouver, durante um outono bastante gelado, que a notícia da criança finalmente chegou à imprensa. "Jamie e Amelia estão felizes em anunciar o nascimento de sua primeira filha, que veio ao mundo no final de novembro", declarou o agente do ator em comunicado de 16 de dezembro. Jamie havia desempenhado perfeitamente a primeira tarefa de pai protetor.

Seu próximo desafio foi descobrir como combinar suas obrigações paternas com o maior desafio de sua carreira de ator. Inspirando-se no seu próprio pai que, anos antes, deixava-o acompanhá-lo ao hospital nos finais de semana, ele aprovou a ideia de a esposa e a filha frequentarem os sets de gravação. Embora Amelia e a criança não fossem presença constante no set de filmagens, elas visitavam Jamie sempre que possível, e rapidamente se tornaram parte da família *Cinquenta Tons de Cinza*.

Eles também alugaram uma casa confortável (e com direito a árvore de Natal) para a família em Vancouver, de modo que pudessem passar juntos a temporada de fim de ano. Embora naquele ano Jamie não fosse desfrutar de um jantar com peru com a família em Belfast pela primeira vez na vida, era pelo menos uma chance de fazer o primeiro Natal de sua filha especial. Uma fonte revelou: "Jamie vem desfrutando de seu papel como pai e, para ele, é importante manter a filha e a mulher por perto. Elas moram perto e o visitam no set sempre que possível. O ator não poderia se sentir mais orgulhoso".

E, embora realmente fosse uma tarefa complicada deixar de lado o papai orgulhoso para se transformar em mestre dominador sexual na câmera, Jamie parecia capaz de equilibrar bem os papéis. Ademais, fazer o papel de papaizão entre os *takes* também tinha um benefício extra: deixava à vontade qualquer estrela que talvez pudesse se sentir intimidada pela aparência do ator. Porém, com a atriz e cantora de 23 anos Rita Ora, que fazia o papel da irmã adotiva de Jamie, o efeito era o oposto: "Jamie é lindo. E muitas vezes traz a esposa e a filha para o set. Mas isso o torna ainda mais gostosão... um cara que não está disponível para mim é um algo como... u-hú!"

Graças ao seu bom temperamento e aos colegas de equipe amigáveis (com quem ele se deu bem desde o primeiro instante), a vida no set começava a se tornar divertida. Assim que Jamie chegou ao Canadá, foi apresentado a todos e ficou claro que o elenco não poderia ter sido mais bem escolhido. E rapidamente os laços começavam a se formar. Todos estavam ali para trabalhar muito, mas também para se divertir. E todos se envolveram com aquela realidade. "Nós nos divertimos muito, demais mesmo. Às vezes, você não tem sorte com o elenco e acaba tendo de trabalhar com pessoas que estão em outra sintonia e com quem não pode agir de certas formas, mas nós realmente tivemos sorte nesse projeto", revelou Jamie. "É claro que estamos trabalhando, mas é possível se divertir no trabalho. Eu pararia [o trabalho] se não pudesse me divertir."

As filmagens aconteceram em uma série de locações pela cidade canadense, incluindo o North Shore Studios, que abrigou as gravações de vários blockbusters de Hollywood, além de séries de TV como *Arquivo X*. Ademais, o prédio da Universidade da Colúmbia Britânica proporcionaria o cenário da Washington State University, onde Anastasia e Kate estudavam. O impressionante Bentall 5, o oitavo maior prédio de Vancouver, foi usado como sede da empresa de Christian Grey, ao passo que o histórico Fairmont Hotel foi usado como o Hotel Heathman do livro. Apesar de as locações serem públicas, tudo relacionado ao filme era mantido em sigilo. A segurança em torno das filmagens era enorme, com dez guarda-costas à paisana, supostamente contratados para cercar os atores e abrir guarda-chuvas sempre que um fotógrafo fosse visto erguendo a câmera para registrar uma imagem.

Porém, mesmo com todas essas medidas de precaução, fotografias tiradas no set começaram a surgir em jornais e revistas pelo mundo, incluindo algumas de Jamie e Dakota dançando entre os *takes* para manterem-se aquecidos. A camaradagem entre os dois era palpável já após duas semanas de filmagens. As brincadeiras e gracejos eram diários e incluíam jogos de basquete para afastar o tédio enquanto esperavam a retomada das filmagens. “Eles brincavam muito no set. Em certa altura, Dakota se virou para Jamie e estendeu a mão para dançar. E Jamie a puxou para perto e colocou a mão dela no ombro dele. Os dois não estavam fazendo uma cena juntos, estavam apenas tentando se aquecer”, revelou uma fonte. “Eles também jogavam basquete com bolinhas de papel e uma lata de lixo. Dakota errou a cesta, mas Jamie acertou, o que fez todos vibrarem. Ela também tentou fazer malabarismo, mas derrubou tudo no chão, o que fez Jamie dar risada”, acrescentou.

▪

Tudo podia parecer brincadeira e diversão, mas, nos bastidores, o ator novato Jamie precisava se esforçar. Ele não apenas tinha de decorar centenas de falas, mas também enfrentava alguns problemas a serem corrigidos. Um deles – para seu constrangimento – era seu modo de andar. Um professor de dança foi contratado para ajudar na cena em que Christian dança com Anastasia, mas esse professor se deu conta de que Jamie tinha um jeito esquisito de andar. Em vez dos poderosos passos dos quais precisava para encenar o dinâmico Christian, Jamie andava sacudindo o corpo. Isso não era novidade para o ator, que havia sido afastado das passarelas de Milão, na época em que ganhava a vida como modelo.

Portanto, apesar de ter 31 anos de idade agora, em uma reviravolta bizarra do destino, era a primeira vez que Jamie tinha aulas de como andar da forma adequada. “Sempre tive um complexo por conta da forma como eu andava e as pessoas comentavam sobre isso. Eu andava na ponta dos pés e, quando fiz *The Fall*, o diretor perguntou: ‘Isso é parte do personagem? Ou você anda assim mesmo?’. Minha esposa tentou me ajudar me fazendo relaxar, mas o personagem de *Cinquenta Tons de Cinza* precisa dançar foxtrote.”

Em uma aposta para tentar fazer Jamie se movimentar com mais fluidez, o professor sugeriu que ele tentasse andar “do tornozelo para a ponta dos dedos", algo que a maioria das pessoas aprende quando criança. Em um momento de "eureca!", o ator finalmente conseguiu andar da maneira como deveria andar há três décadas. "Ninguém me contou que é assim que se anda!", brincou no programa de TV do apresentador Graham Norton. "Agora, uso a lição todos os dias!"

Quando as filmagens começaram, havia outras coreografias reservadas para as infinitas – e intensas – cenas de sexo de Jamie com Dakota. Embora no livro as cenas fossem bastante explícitas, chegando a ser descritas como pornográficas, os roteiristas as adaptaram ao público do filme acrescentando e excluindo alguns detalhes. Portanto, eles estavam decididos a incluir os gostos e hábitos sexuais *hardcore* de Christian, assim como seu lado sensual e romântico. "Independentemente do que se possa pensar da escrita [da autora], trata-se de uma história de amor moderna, que envolve dois personagens complexos. E é nisso que estou interessada", declarou Kelly Marcel. "Não me importo com o que digam, existe algo tradicional e romântico em Christian Grey."

Com as filmagens acontecendo, Jamie admitiu que o filme começava a tomar uma forma mais parecida com um romance romântico de Mills & Boon e menos parecida com um filme pornográfico envolvendo sadomasoquismo. "Quando o assunto é esse filme, colocam muita ênfase na coisa [no sexo], quando o amor é, na verdade, muito mais importante. É algo universal. Todos já o experimentaram de alguma forma e as pessoas esquecem que o amor é o centro do filme. É uma história clássica da situação que foi escrita várias e várias vezes ao longo dos anos. Só que, nessa ocasião, ela surge com um elemento moderno", falou ao *The Sun*. "O amor sempre será necessário para se contar uma história. Pessoalmente, acho mais importante focar no amor do que no sexo."

Para manter felizes os fãs das cenas de sexo de E. L. James, as famosas e quentes cenas de Christian e Anastasia seriam incluídas no filme e os roteiristas vinham trabalhando em tempo integral para garantir que ninguém ficasse decepcionado. Um roteiro reformulado foi escrito para incorporar informações detalhadas, de modo a ajudar Jamie e Dakota com cada estocada, lambida e estalar do chicote. Tratava-se mais de sexo ensaiado do que de uma paixão alucinante, com cada detalhe escrito escrupulosamente com o máximo possível de especificações. "Eu não podia apenas escrever: 'eles fazem amor'", explicou a roteirista Kelly. "Eu tinha que realmente descrever tudo! É realmente constrangedor quando você está tomando notas de coisas para serem usadas no estúdio em uma mesa com doze pessoas. Vai haver muito sexo no filme. A obra será realmente ousada. Estamos mergulhando de cabeça nisso. Pensamos e chegamos à conclusão de quais eram e quais não eram nossos momentos preferidos. A maioria das cenas estava na lista de momentos preferidos."

▪

Manter o máximo das tão adoradas falas do romance no roteiro do filme também era crucial, assim como garantir que as cenas de sexo se mantivessem o mais fiéis possível à obra escrita. Um coreógrafo também estava disponível para guiar Jamie em cada movimento sedutor. Definitivamente aquela era a situação menos romântica em que o ator poderia se encontrar. Nu e cercado por câmeras, luzes quentes, técnicos de áudio, o diretor e uma leva de ajudantes – incluindo assistentes de cabelo e maquiagem –, ele poderia enlouquecer a qualquer minuto. "A realidade é que um homem corpulento que você não conhece muito bem está a poucos centímetros do seu rosto, o que é bem diferente da forma como você faz sexo na vida real", ele explicou. "Bem, pelo menos para mim."

Dakota parecia igualmente desanimada com as cenas de sexo. "Definitivamente não foi uma situação romântica. É mais técnico e coreografado, é uma verdadeira função!", ela explicou. "É [menos] sobre fazer sexo e mais sobre fazer nossos corpos parecerem se movimentar em conjunto, então, é mais parecido com uma dança, mais como acrobacia."

Todavia, os resultados foram assustadoramente convincentes e extremamente sensuais para todos aqueles que testemunharam os dois em ação. E. L. James, sentada em um canto e assistindo enquanto Jamie dava forma às suas fantasias até certo momento secretas, também ficou claramente impressionada. A ideia de cortar as cenas de sexo do filme havia sido deixada de lado. A autora declarou: "Vai acontecer [o sexo]. Ah, sim, vai acontecer. Na parte que eu vi, nada foi diluído, só posso dizer isso!".

O talentoso Jamie também era especialista em "dar forma" às falas mais incomuns do livro, incluindo uma de Anastasia: "Hummm... ele é suave e rígido ao mesmo tempo, como aço revestido por veludo, surpreendentemente saboroso, salgado, macio. É meu pirulito com sabor de Christian Grey". Marcel, a roteirista, disse: "'Você é meu pirulito'. Essa frase, ela é genial. Parece que eles se saíram muito bem nessa cena. E parece que Jamie é bom em ser suave e rígido ao mesmo tempo, o que é difícil para qualquer ator. Ele vai ganhar um Oscar!".

Mesmo com tudo isso, as cenas de sexo ainda incluíam riscos. E os movimentos, as estocadas e as chicotadas deixaram Jamie com feridas por todo o corpo. "Busquei garantir que nos mantivéssemos fiéis ao livro. Eu era uma ferida ambulante. Foi muito divertido e os machucados já tiveram tempo para cicatrizar", ele falou algumas semanas depois do fim das filmagens.

A intensa produção de três meses foi veloz e furiosa, com rumores de que o astro poderia conquistar uma série de elogios por sua performance. Jamie ficou impressionado com a diferença na forma como público e imprensa o tratavam depois do fim das filmagens. Era difícil imaginar que apenas seis meses antes ele podia andar pela rua praticamente sem ser reconhecido; agora, todavia, fotógrafos e fãs o seguiam. Certamente, Jamie precisaria fazer alguns esforços para se adaptar a essa nova realidade. "Tudo isso é ridículo. As coisas funcionam de um jeito um tanto idiota. Acho que eu poderia perder a cabeça", declarou algumas semanas após o fim das gravações.

Tendo retornado a Londres com a esposa e a filha, ele estava decidido a levar uma vida normal antes das filmagens da segunda temporada de *The Fall* começarem em Belfast. Embora tivesse provado a vida com todo o brilho e glamour de ser um artista multimilionário do cinema, Jamie estava decidido a manter os pés no chão. "Você pode se tornar um idiota convencido ou fazer algo de bom para o mundo, sendo que a última opção é bem mais complicada. Não tento ser *cool* ou descolado. Sou um individualista. Na vida, o que quero é, acima de tudo, ser eu mesmo", contou à versão polonesa da revista *Glamour*.

Jamie estava decidido a levar uma vida normal e imagens suas andando por Londres, às vezes com Amelia e o bebê, apareciam em revistas e blogs de fofoca semanalmente. Fãs dedicadas também começavam a aparecer em eventos no tapete vermelho, desesperadas por chegar o mais perto de Jamie, gritando seu nome. Até mesmo seus contemporâneos dentro da indústria o colocavam em um pedestal e os modelos que chegavam agora ao mercado o viam como um verdadeiro exemplo.

Seguindo os passos extraordinários de Jamie, que havia deixado de ser um cabide de roupas para se tornar um ator mundialmente famoso, outros modelos também queriam se tornar atores. Entre eles, estava o renomado modelo e jogador de rúgbi Thom Evans, que declarou: "Qual seria o meu papel dos sonhos? Pode soar estranho, mas provavelmente Mr. Darcy, de *Orgulho e Preconceito*. Jamie Dornan é um exemplo. Quero seguir os passos dele".

▪

Dornan fechou o ano de 2013 em alta, recebendo o título de Melhor Ator Revelação em uma pesquisa da *Radio Times*. Porém, ainda mais glórias estavam por vir.

De fato, o astro foi honrado com não apenas um, mas dois prêmios no Irish Film and Television Awards (IFTAs), nas categorias de Melhor Ator, por sua atuação em *The Fall*, e Melhor Ator Revelação.

Jamie ficou impressionado e extremamente grato. Ele agradeceu Allan Cubitt por assumir o risco e o escolher para o papel principal – chamando a chance de "a melhor coisa que aconteceu na minha vida profissional" –, mas também a esposa "Milly" e a filha "que está dormindo lá em cima", que o faziam verdadeiramente feliz. Enquanto sorria orgulhoso diante da nata da indústria da TV e cinema da Irlanda, declarou: "Quero agradecer minha linda família por ser realmente bela.

E minha esposa, Milly, por ser a melhor coisa que me aconteceu. Quero agradecer minha filha, que tem apenas quatro meses e agora está dormindo lá em cima; ela também é linda. E quero agradecer a todos aqueles que me conheceram e que foram gentis comigo. Obrigado a todos".

Quando chegou a nomeação ao BAFTA, alguns meses mais tarde, além do prêmio de Revelação da revista *GQ* por seu papel em *Cinquenta Tons de Cinza*, Jamie ficou (com razão) extremamente orgulhoso de suas conquistas. Seus anos de trabalho duro e de testes infinitos e infrutíferos tinham valido a pena. Por fim, ele tinha certeza de que ter ignorado os pessimistas havia sido a decisão correta. E deixar de lado a carreira de modelo para passar a atuar valera a pena. "É muito bom receber esse tipo de reconhecimento, especialmente se você assumiu um risco e mudou de direção na carreira. Quando é conhecido por fazer uma coisa e muda de área, no começo as coisas são bem complicadas. Isso me anima, me faz sentir que tomei a decisão certa. A vida está muito boa, certamente não posso reclamar."

Aquele havia sido um "ano louco, profissional e pessoalmente" para Jamie e o retorno a Belfast após o furacão *Cinquenta Tons de Cinza* para a segunda temporada de *The Fall* trazia "a sensação de voltar para casa, da melhor forma possível". Porém, após enfrentar meses de noites em claro como novo papai e, posteriormente, em meio aos esforços para deixar de lado todos os pensamentos de Christian Grey e assumir a personalidade de Paul Spector, Jamie estava exausto. "Estou cansado, muito cansado", admitiu. "Mas também muito feliz. Tudo está ótimo. Fico feliz por ter voltado."

Agora era hora de olhar para o futuro e Jamie estava certo de uma coisa: após ter feito os papéis de Christian Grey, com a paixão por sadomasoquismo, e Paul Spector, que gostava de estrangular suas vítimas, um personagem que não envolvesse cordas e nós seria boa ideia. "Há alguns nós clássicos que conheço agora e passei a usá-los recentemente. Aliás, gostaria de conseguir um trabalho no qual eu não precisasse amarrar mulheres na cama", brincou.

O futuro parecia promissor. Além do muito merecido descanso, o astro agora estava ansioso para perceber a reação do público ao lançamento de *Cinquenta Tons de Cinza*. Uma prévia já foi apresentada em um trailer ardente lançado em julho, com uma enorme movimentação da mídia e fortes reações de dezenas de milhares de fãs. O vídeo *caliente* mostra o momento em que o sr. Grey – com Jamie esbanjando *sex-appeal* em um terno cinza perfeito – conhece Anastasia. A inocente jovem aparece para uma entrevista no luxuoso escritório antes de o expectador ser apresentado a algumas cenas de sexo e *bondage*, incluindo o belo ator empurrando a morena sedutoramente contra a parede de um elevador, pilotando uma aeronave e mostrando a barriga sarada. O trailer termina com Anastasia nua, com os olhos vendados e sendo chicoteada. Considerado forte demais para aparecer na TV americana, esse trailer se tornou bastante popular no YouTube, alcançando impressionantes 36 milhões de visualizações somente na primeira semana. Minutos após ele ser lançado, a internet estava tomada por reações de fãs do livro, além de vídeos de pessoas que filmaram suas reações ao assistirem ao vídeo pela primeira vez. Muitas fãs, em deleite ao verem as primeiras imagens do bilionário pervertido Christian e da universitária virgem Anastasia, expressaram sua agitação. "Não sei quantas vezes já assisti ao trailer de *Cinquenta Tons de Cinza*. Meu Deus! Estou EXCITADA!", escreveu @WeeDimps.

A autora do livro também estava eufórica. Quando os fãs tuitaram Erika para dizer que estavam pulando de alegria após verem o trailer, ela respondeu: "Eu também!". Outros se mostraram impressionados com a versão lenta que Beyoncé fez da canção "Crazy in Love", de 2003, que acompanhava o trailer. "A única coisa legal do lançamento de *Cinquenta Tons de Cinza* é a nova versão de 'Crazy in Love', da Beyoncé", tuitou @CaeMcKenna. Outros se mostraram desapontados com o lançamento. O comediante americano Warren Holstein escreveu: "Podemos todos chegar a um acordo? Eu não quero falar sobre *Cinquenta Tons de Cinza*".

Alguns setores da imprensa também desgostaram do trailer, afirmando que o filme certamente seria um desastre. "O *teaser* de dois minutos do filme *Cinquenta Tons de Cinza*, estrelando Jamie Dornan, foi chicoteado em público depois de seu lançamento na semana passada", argumentou a jornalista Amanda Platell. "Por pior que o filme possa ser, o que me impressiona é o fato de já existir um trailer, sendo que a obra só chegará aos cinemas em 14 de fevereiro do ano que vem. Isso dá todo um novo significado ao termo 'preliminares'."

O *Mail on Sunday* demonstrou o mesmo nível de escárnio. "Jamie e Dakota parecem depressivamente ingênuos e bastante tristes como o casal atrevido Christian Grey e Anastasia Steele. Mas o que o trailer de fato mostra é que a inspiração de *Cinquenta Tons de Cinza*, com a garotinha inocente, ligeiramente mal vestida, e seu amante bilionário, é, na verdade, a Cinderela. E o maior estimulante sexual deve ser o helicóptero" Porém, existiam evidências de que o trailer havia causado o efeito desejado no público britânico. Uma hora após o lançamento do trailer, a loja de roupas íntimas Ann Summers viu o tráfego em seu site aumentar 55 por cento. Mais de 500 algemas foram compradas – o dobro da semana anterior –, além do dobro de máscaras. As vendas de chicotes também aumentaram em 80 por cento. Faltando semanas para o lançamento oficial, é difícil dizer se a obra será um enorme sucesso de bilheterias ou uma decepção colossal. De qualquer forma, uma coisa é certa: *Cinquenta Tons de Cinza* indubitavelmente mudou a vida de Jamie para sempre.

Sempre ciente de que a carreira de ator pode chegar ao fim a qualquer momento e sabendo que não existem certezas na vida, Jamie sempre se mostrou cuidadoso em não fazer suposições sobre o futuro como um astro mundialmente famoso. "Neste momento, não preciso trabalhar se não surgir algo que realmente queira fazer. Realizei três trabalhos seguidos. Vamos ver como eles serão recebidos. Se não aparecer nada que eu queira fazer, vou jogar golfe ou trocar fraldas", declarou o exausto ator.

De alguma forma, levando consigo um papel em Hollywood, alguns prêmios, uma esposa dedicada e uma bela filha, é pouco provável que seus fãs o deixem cair no anonimato. Porém, o jovem filho de um médico da Irlanda do Norte e que agora tem uma carreira como ator e a própria família pode sonhar, não pode? Entre os altos e baixos, os momentos bons e os ruins e os diversos tons entre eles... se você é Jamie Dornan, sim, você pode sonhar.

Este livro foi composto nas fontes Amplitude e Bembo
e impresso em papel *Norbrite* 66,6 g/m² na Imprensa da Fé.